爱与教育

让孩子成为
最好的自己

薛君忠◎著

台海出版社

图书在版编目（CIP）数据

爱与教育：让孩子成为最好的自己 / 薛君忠著 . --
北京：台海出版社，2020.6
ISBN 978-7-5168-2623-2

Ⅰ . ①爱… Ⅱ . ①薛… Ⅲ . ①家庭教育 Ⅳ . ① G78

中国版本图书馆 CIP 数据核字（2020）第 095035 号

爱与教育：让孩子成为最好的自己

著　　者：薛君忠	
出 版 人：蔡　旭	
封面设计：中尚图	
责任编辑：姚红梅	

出版发行：台海出版社
地　　址：北京市东城区景山东街 20 号　　邮政编码：100009
电　　话：010-64041652（发行，邮购）
传　　真：010-84045799（总编室）
网　　址：www.taimeng.org.cn/thcbs/default.htm
E - m a i l：thcbs@126.com

经　　销：全国各地新华书店
印　　刷：河北盛世彩捷印刷有限公司
本书如有破损、缺页、装订错误，请与本社联系调换

开　　本：880 毫米×1230 毫米　　1/32
字　　数：134 千字　　　　　印　　张：6.5
版　　次：2020 年 6 月第 1 版　　印　　次：2020 年 6 月第 1 次印刷
书　　号：ISBN 978-7-5168-2623-2

定　　价：49.00 元

爱与教育
Love and Education

学会做人、学会做事、学会合作、学会求知。

——联合国教科文组织

爱孩子这是母鸡也会做的事，但是要善于教育他们，这就是国家的一桩大事了，需要才能和全部的生活知识。

——高尔基

优秀的孩子背后一定有优秀的教育方法，天才都是教育出来的。

——董进宇

女儿如此陶醉

自 序

时间都去哪儿了

　　不知不觉我已近不惑之年，是两个孩子的爸爸了，女儿十岁，儿子三岁。一直"痴爱"教育的我认为人生有两件大事必须做好：一是"自我教育"，做好自己，成长自己，朝着自己的人生目标不断前行，实现人生价值，并积极分享自己的人生感悟，供他人学习借鉴；二是"教育好自己的孩子"，以先进的教育理念和正确的方法引导和培育孩子，教会孩子做人，教会孩子做事，培养孩子的学习能力，培养孩子的社会适应能力，激活孩子的成长动力，帮助孩子找准人生定位，实现人生价值，完成历史赋予的责任和使命。

　　从 2000 年开始我就接触家庭教育，那个时候主要以辅导功课为主，教育引导孩子为辅。随着经验的积累，我发现教育必须遵循成长发展规律，要以人为本、因材施教；孩子的健康成长，内因是关键，家长的主要作用就是激活孩子的自我成长动力；同时，要把中华民族的传统美德和生活的信念传递给孩子。

个人认为：家庭教育的真正目的是培养一个身心健康、适应社会、德才兼备的人。

具体可以分三个层次：

第一层次：家长要教会孩子如何生存，如何适应社会，这是最基本的要求。

第二层次：就是因材施教，培养孩子兴趣，帮助孩子找到人生定位（历史赋予的责任和使命），并实现自己的梦想和自我价值。

第三层次：是最高层次，就是激活孩子无限潜能，自我教育，自我成长，追求精神、社会价值，为人类社会多做贡献。

有些朋友也很好奇，我一个学农学专业的硕士研究生，毕业之后一直在事业单位上班，为什么会写关于家庭教育类的书，主要是与我的成长经历有关。我出生在甘肃靖远一个偏僻的农村，从小家境贫寒，但很幸运考上了大学。考入大学以后，每年都有亲戚和朋友家的孩子到我家来补课，让我进行教育引导，通过与家长的共同努力，90% 以上的学生达到了预期的目标。从此，我就对家庭教育产生了浓厚的兴趣。我认为作为一个合格的家长，就应与时俱进，带头建设学习型家庭，为孩子树好榜样；就应学习现代教育理念，并用科学的方法教育引导孩子，帮助孩子健康快乐成长。试想如果我们每个家庭都把孩子教育成功了，那么国家的发展和综合实力将超乎想象。

然而，我们身边还有很多家长根本不懂现代家庭教育，经常搞得两败俱伤，家长很费心、很辛苦，其结果家长很失望、很伤心，孩子很叛逆、很痛苦。这些年的家庭教育经验和客观实际告诉我，家庭教育的关键，是提高家长的素质，家长要和孩子同学习、共成长。没有家长不爱自己的孩子，但每年都有青少年犯罪、自杀事件，每一个事件无不牵动着真正爱教育、懂教育和做教育的人的心，我想力所能及地帮助这些家庭和孩子。我的一个梦想就是让更多的孩子健康快乐地成长，让更多的家庭幸福美满。我想做一个现代家庭教育理念的倡导者、宣传者和志愿者！

总结二十年的家庭教育经验，我也发现：成功人士、优秀人才，我们都可以从家庭教育中找到成功的影响因素；犯罪分子、人格缺陷者、问题孩子，我们同样也都可以从家庭教育中找到问题的根源。为此，家长朋友们要充分认识到家庭教育的重要性，家庭教育对孩子的成长、成才起着关键性、决定性的作用，所以家长朋友们要学习先进教育理念和方法，做好自己，树好榜样，与时俱进，不断成长。

本人通过全面学习生物学、教育学、心理学等学科知识，认真总结过去二十年的家庭教育经验，撰写《爱与教育：让孩子成为最好的自己》一书。本书直奔主题，分享现代家庭教育理念、科学家庭教育方法、家庭教育案例、家庭教育心得等。希望通过此书与您结缘，与您进一步学习探讨家庭教育学，为培育优秀的下一代、为建设和谐美好家庭、为祖国的繁荣昌盛贡献微薄之力！

2020 年 3 月

前　言

妈妈的教育经验

自 20 世纪八九十年代，我们村就开始重视教育了。我从小家庭比较困难，能考上大学也算是个奇迹。所以，从我上大学开始，就有不少人慕名到我家学习教育孩子的方法。妈妈总是微笑着说："唉！我们家油盐醋酱都没有齐全过，我怎么教育孩子，我从来就没有管过……"

通过比较，总结妈妈教育我们的经验，与大家共同分享。

第一，妈妈说得少做得多。妈妈总是带头去做事情，以实际行动示范给我们看，带动我们，感化我们，这就是我们现在所提倡的"身教大于言传"。

第二，妈妈从不埋怨不抱怨不责备。在我的记忆中，从没听妈妈埋怨、抱怨、责备过任何人、任何事。妈妈没有用传统的教育理念（批评、埋怨、求全责备）教育我们，而是用现在我们所提倡的"鼓励、表扬、宽容体恤"等现代教育理念教育引导我们。

第三，妈妈比较正能量。经常给我们树立正面榜样，总说一句话："任何好的东西都是学来的，我们要看谁好谁优秀就向谁学习。"正能量在妈妈身上体现较多，即使失败了，也从不气馁，微笑着说一句，明年再来，然后总结一些经验给我们听。这就是我们现在所提倡的多用"绿灯思维"，任何事情都往好的一面想。

第四，妈妈及时肯定和鼓励孩子。她的这个方法不但让我们终身受益，也影响了不少来我们家体验生活的孩子。从我上大学开始，每年寒暑假都有不少城里的孩子到我家体验生活，这些家长称之为"吃苦教育"。这些孩子到我家，除了学习外，每天还要参加劳动、才艺展示，我们的条件确实艰苦，但这些孩子再苦再累也愿在我家生活，这些孩子在我家体验到的是快乐、价值和存在感。记得有一个孩子马上就要开学了，妈妈接她的时候还舍不得走，走的时候含着眼泪跟我二姐说："真想叫你妈妈一声妈妈。"其实妈妈非常喜欢这些孩子，这些孩子只要有一点点进步，妈妈就及时肯定和夸奖他们。

后来，我被邀请到这些孩子家做客，指导家庭教育。影响最深的，就是家长看不到孩子的微小进步、不懂孩子、不懂教育，根本就不会表扬和鼓励孩子，他们最常用的教育方法就是"批评"。通过我们现场指导，这些妈妈学习掌握了一些现代教育方法，坚持使用，最后这些孩子都顺利考上了大学。

第五，妈妈从小就开始放手，让我们力所能及帮家里干活。父亲身体不好，一家人要生活，也是迫不得已的事情。我四岁时，爸爸妈妈就开始给我们姐弟三人分工干家务。农忙时节，我要和爸爸妈妈、两个姐姐一起收割庄稼。从小我们就养成了勤劳的习惯，懂得体谅爸爸妈妈，珍惜劳动成果。这就是我们现在所提倡的"家长要适时放手，让孩子自己成长"。家长不能以"爱"的名义，剥夺了孩子成长的机会，家长不适时放手，不给孩子锻炼、体验生活的机会，孩子就不能健康成长。

第六，妈妈很坚强，生活有计划有目标。农村条件很差，再加上爸爸的身体不好，一家人的吃喝和我们的上学问题全部落在妈妈的肩膀上，妈妈吃过的苦，一般人难以想象。妈妈是一个非常智慧的人，每年年初都订有计划，包括今年的主要任务、挣钱的措施、种什么养什么等。头一天晚上把第二天或者近期的工作任务都计划好。从小学到初中，我和姐姐都住校，每到周末妈妈早就把家务活给我们安排好了。现在我们常常说笑，那个时候我们最喜欢听妈妈说的是前面一句话"这周你们什么都不用干"，但后面的那句话才是重点"就把什么活干了就是了"。妈妈教会了我们坚强，任何困难都压不倒我们，妈妈的经历告诉我们，生活要有计划，人生要有目标、有理想。

第七，孝敬父母，懂得感恩。从我们记事起爸爸妈妈都很孝敬老人，我们的生活再艰难，爸爸妈妈都要省吃俭用，每年以实际行动孝敬老人。妈妈也经常对我们说，谁帮了她什么忙，有机会的时候她一定要还上。爸爸教育我们："滴水之恩，涌泉相报""吃水不忘挖井人"……每年春节，我们姐弟三人都要坐到一起谈心，开展批评与自我批评，给每个人提出意见或建议。目前，二姐孝敬老人、关爱大家庭，付出得最多、做得最好，我和大姐都要向她学习。

第八，制定规矩，善于总结。总结我们家的家规：一是"孝"，百善孝为先，父母以身作则，要求我们传承中华民族的优良美德；二是"学"，活到老学到老，妈妈经常说，任何好的东西都是可以学来的，要多与高层次的人接触，要向优秀的人多学习；三是"勤"，勤奋努力，一分耕耘一分收获，谋事在人成事在天；四是"俭"，勤俭持家，要勤俭节约，吃饭穿衣要量家；五是"善"，行善积德，人尽量多做善事，吃亏是福。

我的觉醒过程

俗话说："穷人家的孩子早当家。"从小我就记得爸爸的身体不好，患有心脏病，家里是由妈妈撑起的。我对爸爸的记忆是严格、很讲理、乐于助人，我对妈妈的记忆是坚强、智慧、勤劳、很有爱心和孝心。

截至目前，我经历了三次觉醒过程。

第一次觉醒：七岁，上一年级。那个时候写字都用铅笔，当我不高兴的时候，我就故意折断铅笔，再和爸爸妈妈要新的，通过这种方式"惩罚"爸爸妈妈。有一天，我对妈妈说："妈妈我懂事了，我再不故意折断铅笔了。"我把我的"小秘密"告诉了妈妈。可能是良心发现，认为这样做不好，也可能是爸爸妈妈从小就给我们姐弟三人分家务活干，觉得劳动很辛苦，要珍惜别人的劳动成果。我说完后，妈妈用很惊讶和慈爱的眼光注视我许久，微笑着对我说："我们孩儿真的长大了！"我的第一次觉醒就是

女儿慢慢长大

我明辨是非的开始，通过爸爸妈妈的教导，自己开始思考，什么是对的，什么是错的，哪些事情该干，哪些事情不该干。

第二次觉醒：十八岁，上高三。爸爸在 1992 年就因病去世了，大姐当时读初三，二姐和我都上五年级，我们三姊妹的学习成绩一直都不错，但因爸爸去世，大姐不得不辍学，帮妈妈一起支撑这个家。从五年级一直到高三，我心中始终认为：我是农村孩子，家庭条件又不好，能多读一天书，我就多赚一天。我们村里没几个高中生，能上完高中我已心满意足了。在其他人看来，我应该早点进入社会，帮妈妈减轻家里负担，而不是读书。我也这样认为，所以高考完，我就告别学校，准备安安心心地回家种地或打工了。

那天，妈妈在家门口接我，我把行李拿下车，等车走了以后，妈妈切切地问我："考得怎么样？"一瞬间，我与妈妈的眼光相遇了，我心里突然一"紧"，我又看到了妈妈慈爱的眼神，慈爱的眼神里充满了力量和期盼，与她瘦弱的身体和我考试的成绩形成了鲜明的对比。此时此刻，我读懂了妈妈的心声，她不希望我就此离开学校，过早进入社会；她希望我能考上大学，继续读书，不怕再大的困难，我们都要想办法克服。这是我的第二次觉醒，真正体会到了伟大母爱的力量，能够清晰地感觉到别人的感受。

接下来，就是忙碌的暑假和准备复读费用事情。在甘肃农村，暑假是最农忙的时候，我们打工挣钱的机会不多。我们村正在新盖小学，妈妈就送我去做临时工，苦干了 20 天，包工老板献爱心付了 120 元。复读费要 350 元，没有其他办法了，有一天妈妈在做饭的时候，低声跟我说："你去煤矿打工，如何？"距离我家不远的一个乡镇上有很多煤矿，农村剩余劳动力都去煤矿挖煤挣钱。大姐带我去了煤矿，车只能坐到集镇上，要走很远的山路才到煤矿，一路走一路看，山上光秃秃一片，大山上到处是裂缝，和我当时的心情一样，感觉到生活如此凄凉，到了煤矿，第一次亲眼看到什么是矿井，没敢近距离看，远远地看了看。人们都说煤矿井下作业是提着脑袋挣钱，谁也不能保证这次下井能活着出来。我们村就有好几个年轻人因瓦斯爆炸意外去世了。那个年代，煤矿较多，管理混乱，安全没有保障。不知道什么原因，当时煤矿没有运营，我们又回来了。我是第一次去煤矿，到了人人都说很危险的行业去，突然间，我读懂了妈妈当时说话的时候，不敢看我的原因。我体会到了一种妈妈心里滴血的感受，一种妈妈别无选择、无助无奈的感受！

去煤矿挖煤挣钱行不通，大家可能还在想，我的复读费到底是怎么解决的？庄稼的收入最多能解决 150 块，还差点怎么办？我都准备放弃了，抱着试一试的态度，我骑自行车约 40 公里，向当时条件较好的叔叔、哥哥借钱，没有借到。怎么办？我心想还有一个人可以试试，他就是我的一个堂姐夫（三姐夫），他们家经济条件非常好，但我从来没去过他家，也找不到，当时也没有电话，我就打算边走边问，也可能是我的执着感动了上苍，在一个十字路口刚好碰到另外一个哥哥去他家，因为三姐夫家当时正在修建房子，哥哥去帮忙。我就跟着哥哥去了三姐夫家，当时没有提借钱的事情，他们问我干什么来了，我说我来帮忙来了。借钱一是太害羞张不开口，二是怕又一次失败。等晚上大家都睡着了，我就把我想说的话写出来，揣在包包里面，等待时机准备给三姐夫（因为马上就要开学了，我的心是非常慌的，我比三姐夫小好几岁，就过春节的时候看到过，从没有交流过）。第二天三姐夫开车出去拉砖，我就坐上车，在车上我犹豫了多少次，终于鼓起勇气把信给了他，他在车上看了看，等我下车的时候，塞给我100元。功夫不负有心人，终于把学费问题解决了。

　　第三次觉醒：三十六岁，已工作八年。2008年5月，我第一次来到美丽的山水之城——重庆，因我学的是冷门专业，本科学的专业是动物科学，硕士研究生学的专业是临床兽医学，通过朋友引荐，到重庆市南川区畜牧兽医局工作。2008—2016年，整整8年时间，我最大的收获就是成了家，生了两个孩子；顺利评上了高级兽医师。这几年，生活平平淡淡，工作上、事业上无所欲求。2008年刚来的时候，有朋友问我感兴趣什么？我的回答是：教育和养老。这些年，我唯一坚持的就是读书，给妈妈打电话，妈妈每次必须啰唆的内容就是："活到老，学到老。"我利用闲暇时间研读家庭教育类书籍，到全国各地参加家庭教育培训，学习先进教育理念和科学教育方法，吸取家庭教育精华，并积极投身实践指导。目前已顺利拿到了家庭教育指导师、注册国际心理咨询师、婚姻家庭咨询师等证书。家庭教育是我的兴趣所在，也是我一生追求的事业。这就是我的第三次觉醒，真正找到了自己的兴趣点和人生定位。人生最大的快乐是做自己喜欢做的事情。能用自己的所学、智慧和能力，帮助更多家庭解决家庭教育困难，我感到无比快乐！

我有一个梦想：让更多的孩子健康成长；让更多的家庭幸福美满！

亲爱的朋友们，你们觉醒了吗？你们的孩子觉醒了吗？

贝贝和栋栋

[目 录]

第 *1* 章

关于现代家庭教育的认知问题

第2章

关于现代家庭教育的科学方法

第3章

关于现代家庭教育的典型案例

第 *4* 章

关于现代家庭教育的实战经验

第 *1* 章

关于现代家庭教育的认知问题

1.1　现代家庭教育的内涵

《辞海》对"家庭教育"的解释是：父母或其他年长者在家里对儿童和青少年进行的教育。

家庭教育是家长有意在日常生活中，通过言传身教、生活方式、情感交流等方式，对子女施以一定的教育影响，继而家庭成员彼此相互影响终生的一种社会活动。

家庭教育专家赵忠心认为："狭义的家庭教育是指在家庭生活中，由家庭里的长者（主要是父母）对子女及其他年幼者实施的教育和影响。广义的家庭教育是指家庭成员之间相互实施的一种教育。在家庭里，不论是父母对子女，子女对父母，还是长者对幼者，幼者对长者，一切有目的、有意识施加的影响，都是家庭教育。"

家庭教育专家邓佐君认为："家庭教育是在家庭生活中发生的，以亲子关系为中心，以培养社会需要的人为目标的教育活动，是在人的社会化过程中，家庭（主要指父母）对个体（一般指儿童青少年）产生的影响作用。"

家庭教育专家李天燕认为："现代家庭教育是指发生在现实家庭生活中，以血亲关系为核心的家庭成员（主要是父母与子女）之间的双向沟通、相互影响的互动教育。家庭教育有直接与间接之分，直接的家庭教育指的是在家庭生活中，父母与子女之间根据一定的社会要求实施的互动教育和训练；间接的家庭教育指的是家庭环境、家庭气氛、父母言行和子女成长产生的潜移默化和熏陶。现代家庭教育应该包括直接和间接的两个方面。"

中国台湾学者林淑玲认为："为健全个人身心发展，营造幸福家庭，建立祥和社会，通过各种教育形式以增进个人和家庭生活所需之知识、态度与能力的教育活动，称为家庭教育。"

台湾地区在《家庭教育法》中确立家庭教育的内涵包括：亲职教育（增进父母职能）、子女教育（增进子女本分）、两性教育（增进性别知能）、婚姻教育（增进夫妻关系）、伦理教育（增进家族成员相互尊重及关怀之教育活动）、家庭资源与管理教育（增进家庭各类资源运用及管理的教育）等。

不同的学者站在不同的角度和高度，对家庭教育进行了诠释，家长需要理解和掌握广义的现代家庭教育概念。现代家庭教育不单单是指家长对孩子的教育和影响，而是家庭所有成员之间的一种相互教育和相互影响；既包括教育方法、为人处世和生活方式等因素的直接影响，又包括家庭氛围、相互关系和个人能力素质等因素的间接影响。

思考

- 现代家庭教育的内涵是什么？
- 现代家庭教育不只是一种单向的教育模式，即父母对孩子的教育；而是家庭中所有成员之间的一种相互教育、相互影响。作为家长，不论年龄大小，我们该怎么做？

- 现代家庭教育包括哪些影响因素？哪些属于直接影响因素？哪些属于间接影响因素？

- 结合实际，您对现代家庭教育都有哪些思考？

1.2　家庭教育的重要性

　　家庭教育自古以来就受到人们的关注，但被作为一种学科进行研究，在我国是近年来的事情。人的教育是一项复杂的系统工程，包含家庭教育、学校教育、社会教育和自我教育等，这四大教育相互关联且有机地结合在一起，相互影响、相互作用、相互制约。在这项系统工程中，家庭教育是一切教育的基础。苏联著名教育学家苏霍姆林斯基曾把儿童比作一块大理石，他说，要把这块大理石塑造成一座雕像需要六位雕塑家：一是家庭；二是学校；三是儿童所在的集体；四是儿童本人；五是书籍；六是偶然出现的因素。那么，家庭排在首位，充分体现出家庭在孩子成长过程中的重要性。

　　著名心理专家郝滨说："家庭教育是人生整个教育的基础和起点。"确实，家庭教育对一个人的一生有着非常深远的影响，它直接或间接地影响着一个人的成长空间、影响着一个人的三观（人生观、价值观、世界观）、影响着一个人对社会的贡献力。

　　中华民族自古以来就重视家庭、重视亲情。家和万事兴、天伦之乐、尊老爱幼、贤妻良母、相夫教子、勤俭持家等，都体现了中国人的这种观念。"慈母手中线，游子身上衣。临行密密缝，意恐迟迟归。谁言寸草心，报得三春晖。"唐代诗人孟郊的这首

《游子吟》，生动表达了中国人深厚的家庭情结。

　　家庭是社会的基本细胞，是人生的第一所学校。不论时代发生多大变化，不论生活格局发生多大变化，我们都要重视家庭建设，注重家庭、注重家教、注重家风，紧密结合培育和弘扬社会主义核心价值观，发扬光大中华民族传统家庭美德，促进家庭和睦，促进亲人相亲相爱，促进下一代健康成长，促进老年人老有所养，使千千万万个家庭成为国家发展、民族进步、社会和谐的重要基点。

思 考

- 您认可"家庭教育是一切教育的基础"这个观点吗？

- 试着分析讨论家庭教育、学校教育、社会教育与自我教育的关系？

- 您读过哪些名人传记？能否从家庭教育中找到成功的影响因素？

- 您的身边问题孩子多吗？能否从家庭教育中找到问题的根源？

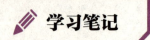
学习笔记

1.3　家庭教育的正确思路

1.3.1　激活孩子的成长动力

教育孩子不是家长不断地讲道理、告诉孩子该怎么做，而是要从孩子的角度出发，看什么能把他激励起来，使他自己能够学习，能够成长，能够探索自然、探索社会、探索人与人的关系……也就是家长要引发孩子自主学习、成长，把学习、思考、成长变成一个主动的过程。

内因是关键，内因起主要作用。我们要向孩子示范正确的行为是什么，成功的人生是怎样的，幸福快乐的人生是怎样的，学习好了以后是怎样的……让孩子自己来选择，诱导他做出正确的选择，引发他成长的动力。这样孩子才能真正地成长起来！

1.3.2　把美德和信念传递给孩子

家风对一个孩子的学习成长、一个国家的兴旺发达影响非常大。我们家长不但要把家庭的优良传统美德传递给孩子，还要把生活的信念、成功的信念传递给孩子。生活不论是容易还是艰难，孩子都能坦然面对现实，克服种种困难，实现人生价值，达到理想目标。

思考

- 您是否认同我的观点？

- 您认为家庭教育的正确思路是什么？

- 现实生活中，家庭教育思路是如何影响具体行动的？

- 在孩子的教育成长过程中，您都做了哪些努力和改变？

1.4　家庭教育的真正目的

当前，大部分家长关注的重点仍然在孩子的学习成绩、考上理想的大学、找个好工作等现实的物质层面上，而在孩子的自我管理、内在潜力挖掘、人生价值的追求上花费的精力要少得多。

在我们身边也有很多案例，有因青春期叛逆耽误学业的，有考上大学后不能自我管理退学的，有进入社会找不到定位浑浑噩噩过日子的……

根据数据分析，但凡问题孩子无不与家庭教育有关。家庭教育到底要怎么做，家庭教育的真正目的是什么，值得每一位家长思考和探索。

我认为：家庭教育的真正的目的是培养一个身心健康、能够适应社会、德才兼备的人。

具体可以分三个层次：

第一层次：家长要教会孩子如何生存，如何适应社会，这是最基本的要求。

第二层次：因材施教，培养孩子的兴趣，帮助孩子找到人生定位（历史赋予的责任和使命），并实现其梦想和自我价值。

第三层次：这是最高层次，就是激活孩子无限潜能，自我教育，自我成长，追求精神、社会价值，为人类社会多做贡献。

思考

- 家庭教育的真正的目的是培养一个身心健康、能够适应社会、德才兼备的人。您是否认同我的观点?

- 家庭教育的目的,我分了三个层次,您现在处于哪一个层次?

- 您认为家庭教育的真正目的是什么? 为了达到您预期的家庭教育目的,您都采取了哪些措施,效果如何?

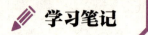

学习笔记

1.5　现代家庭教育理念

1.5.1　坚持培养"学习型家庭"

常言道：好父母都是学出来的，好孩子都是教出来的，好习惯都是养出来的，好成绩都是帮出来的，好沟通都是听出来的。没有天生成功的父母，也没有不需要学习的父母，每个孩子都是可塑的，孩子成为什么样的人，如何培养，这都是现代家长必须研究的课题。仅靠本能的爱、朴素的教育观念和方法是不够的。家长必须重视现代化家庭教育理论的学习并不断付诸实践。只有不断学习和掌握现代家庭教育的科学知识和方法，才能扮演好家长这个角色，孩子的健康成长才有基本保障。

1.5.2　家庭教育是其他教育的基础

家庭是孩子的第一所学校，也是终身学校。家长是孩子的第一任教师，也是终身教师。家庭教育是其他一切教育的基础。

为什么要这么重视家庭教育，一项有说服力的调查：

北京一项按家长的家庭教育水平好、中、差划分进行的调查，调查对象：680 名初中、小学生的家庭；调查内容：在校表现与家庭教育水平之间的关系，结果发现：

家庭教育水平很好的，其孩子在校表现优等生的占 95%，基本没有后进生。

而教育水平不当的家庭，其孩子在校为后进生的却高达85%，几乎没有优等生。

而教育水平一般的家庭，其孩子在校为中等的占 2/3，并有15%左右为后进生。

这项调查还给出这样一个结论：如果我们把不当的家庭教育提高到一般水平，则后进生会相应减少到原来的五分之一；如果我们把一般的家庭教育提高到较好水平，则优等生会增加三倍左右。

1.5.3　传统教育理念与现代教育理念的区别

传统教育理念	现代教育理念
人格不平等（家长居高临下）	人格平等
看缺点、批评与埋怨	看优点、鼓励与表扬
求全责备、都是孩子的错	宽容体恤、那是我的责任
强迫、直接命令	启发与鼓励、间接引导
看现象	看本质
重物质	重精神
看学习成绩	看人格发展
忽视与冷漠	爱与温情
热衷于说	专注于听
对孩子担心	对孩子信任

1.5.4　亲子教育要向亲职教育转变

亲子教育是朴素的，表现为人类天性中就有的爱和责任，是无意识的、自发的。亲职，却是有目的、有计划、讲究方式方法的教育，是有意识的、主动的。家长要认识到自身对孩子所承担的教育责任，而不仅仅是抚养。家长要用用心的态度和专业的方法去教育孩子，不能推卸责任，我们要逐年逐代提高家长对家庭教育的重视。

1.5.5　提升家长自身素质是关键

长者并不意味着在生活中就该扮演强权的角色。家庭教育是一门科学，更是一门艺术，家长并非与生俱来就能掌握教育这门艺术，必须通过学习，首先要"阅读"孩子，读懂孩子这本书。孩子这本书，是一本不断变化的书，一天一页，一年一章，天天都有新变化，年年都有新发展，从少年到青年……做家长的也许今天读懂了，但明天未必一定读懂，因此称职的家长应该一辈子读孩子这本书，一辈子学习，才能与孩子共同成长，一起发展。家庭教育的本质就是家庭学习，家庭教育的核心就是改善家长的自身素质。只有当我们具备了一流的家庭教育素养后，孩子不仅不会在家庭教育上出问题，即使学校教育出了问题，我们也会保护孩子的梦想不被破灭。

让我们共同关注家长的生命成长。教育部部长陈宝生说，让父母也接受教育，为孩子上好"人生第一课"。他在 2019 年"全国教育工作会议"中强调：要将家庭教育纳入公共服务体系，提出家长也要接受教育，这就要求每一位父母都承担起相应的责任，通过家庭教育让孩子更好地成长。对于家庭教育来说，最好的方式是言传身教，然而现在很多家庭无法给孩子提供很好的教育，甚至有很多"留守儿童"从小就缺失家庭教育，这对孩子的成长是非常不利的。

陈宝生部长的观念分享：

家长是孩子的"第一任老师"；家庭教育一定要先教育家长，让家长成为一个"合格的教育者"；家庭教育最直接的方式就是"言传身教"。

思考

- 现代家庭教育理念与传统家庭教育理念都有哪些区别？
- 亲子教育为什么要向亲职教育转变？
- 从某种意义上说"家长的高度决定了孩子的高度"，您怎么理解这句话？
- 如果我们把家长分三个档：不合格、合格、优秀，您认为自己处在哪个档？

1.6　家长的角色和责任

现在很多家庭中，家长自己的角色不清、责任不明，不知道哪些事情该做哪些事情不该做。该放手让孩子成长的时候，家长没有适时放手。家长没放手，孩子就不可能成长。那么，家长的角色和责任到底都有哪些呢？

1.6.1　提供营养

大家都知道，人，包括两个方面：生物人和社会人；"肉体的人"和"精神的人"。"肉体的人"，只要物质充足，身体发育是不存在问题的，而且现在物质生活富裕了，家长提供的营养过剩，也有很多肥胖症孩子。在这里，我们重点强调的是精神营养供应。通过我们多年的研究发现，要把一个孩子培养成杰出的人，就必须给他"精神的人"提供丰富的养分，使孩子"精神的人"健康发育。所谓精神营养，简单地说就是关爱、接纳、认可、欣赏、表扬、鼓励……在孩子刚刚来到这个世界的时候，我们的精神营养供应者（绝大多数情况是妈妈，少数情况是爸爸，特殊情况下是其他人），就要无微不至地、持续地给他供应精神营养，他的"精神的人"才能健康发育成长。

很多问题孩子行为背后的真实原因是他没有被关爱、没有被接纳、没有被认可、没有被表扬、没有被鼓励、没有被欣赏……
一个孩子，如果长期缺乏关爱、接纳、认可、表扬、鼓励、欣赏
等"精神营养"，就可能因"精神营养"不良而导致心理发育不
健康，"自我价值"缺乏，不能适应社会，不能像正常人一样思
考和生活。

1.6.2　生命教练

错误的观念"生而知之""儿孙自有儿孙福""长大了就懂
了"，是一种放养模式。

正确的教育理念是："任何正确的人类行为，都要经过系统
教育训练才能在孩子身上固定下来。"一个行为要经过 20 多天才
能基本形成习惯，经过数月才能长期固定下来。我们要把孩子培
养成真正杰出的人，就要对孩子进行系统地训练，使他逐渐学会
不但要按"人"的方式来行为，还要按杰出的人的方式来行为。
我们孩子从出生，一直到二十五岁左右，其实都是一个社会化的
过程，需要家长进行各种技能训练，包括肢体动作、生存技能、
待人接物和人的思维习惯等。

1.6.3　人生导师

在人的一生中，如果没有导师的指引，要想成为杰出的人，
概率是非常小的。人生犹如复杂的迷宫，从哪条道路能够走到成
功的顶峰，光靠自己盲目闯荡几乎不可能达到。根据我们的研究
发现，普通人之所以普通平庸，是因为在他们的生命中没有人给

他们正确的指导。由于缺乏导师的指引，他们根本就不知道杰出的人怎么思考、怎么感受、怎么行为。也就是他们根本就不知道成功是怎么达到的。

现在的中学生在报考大学时，90% 的人不知道自己要报考什么大学什么专业。这说明我们的教育，不论是学校教育还是家庭教育，都存在很大问题。我们没有在孩子小的时候，帮助孩子树立理想，没有激发孩子奋斗的雄心，没有唤起孩子为理想而读书的热情，那么孩子表现平庸无为就是不可避免的了。理想是把孩子拉向未来的牵引绳，当孩子有了理想、为理想着迷时，这个孩子就摆脱了原地打转的泥潭，人生开始定向，他踏上了奋斗的历程。

1.6.4　知心朋友

在孩子的世界里，他们与生俱来的不是欢乐而是孤独与恐惧。不论面对物质的世界还是面对人的世界，他们都是茫然的无知者。这个世界对他们来说是陌生的让人害怕的地方。而在他们与人打交道的时候，就更难把握了。

孩子每天都会遇到让他不解、烦恼的事情，这些事情使他生气、痛苦、紧张、焦虑、情绪低落等。如果没有一个有爱心的人倾听他的心声，他就会把这些消极情绪压抑在心里，时间一长，这股负面的能量，由于得不到及时的释放，会越积越多，等到他承受不了的时候就会以歇斯底里的形式爆发出来，使精神世界崩溃。孩子必须被倾听，才能把他的错误的想法表述出来，把他的消极情绪转化掉。

　　如果孩子进入青春期，没有在学校找到朋友来互相倾吐内心的秘密，而家长又不能倾听孩子的心声的话，孩子就可能会出现心理疾病从而导致成长受阻。

　　家长在孩子的生命里最重要的角色之一是做孩子的知心朋友。当孩子把家长当作自己最要好的朋友时，才能向家长敞开心扉，把他的心里话跟家长说，家长才有机会了解孩子的内心想法和他外在行为的内在原因，从而给孩子提供正确的指引和帮助。通过分享孩子内心的感受和痛苦，消除了孩子的孤独、无助、恐惧、焦虑等情绪问题，使孩子产生正面的情绪从而产生成长的动力。

1.6.5　铁杆粉丝

　　孩子最初的生命动力来自家长的欣赏、鼓励和表扬。他之所以要做各种各样的事情，最深层次的原因是渴望得到家长的认可和关爱。生命最深层的渴望是得到我们尊重的人的认可和表扬，那会让我们的自我价值极大地增大，从而产生成长动力。

　　孩子的成长离不开家长的关注，受到家长关注和欣赏的孩子会因精神营养充分而茁壮成长，就像大树只有得到充沛的阳光雨露才会枝繁叶茂一样。当孩子在他的生命当中，始终感觉有一双眼睛注视着他，他意识到他的任何微小的进步都会被父母看在眼里，记在心上，他会涌起把事情做好的冲动。当父母为孩子的每个微小进步而欢欣鼓舞时，对孩子是一种巨大的鼓舞。

　　在孩子的世界里，他们最害怕的是自己的所作所为无人在意。当他在做事情时，如果没有人为他高兴为他喝彩，他就会兴味索然，失去继续做下去的热情和兴趣。因此，我们家长关注孩子的成长，最主要的是精神上的，家长要当好孩子的铁杆粉丝，随时随地为孩子的进步和成长呐喊、喝彩！

思 考

- 家长都有哪些责任？
- 您对自己扮演家长的角色满意吗？其中哪个角色扮演得最好？
- 试着分析自己扮演不同角色的水平与孩子成长的关系？
- 学习改变后，对孩子的成长有哪些影响？

1.7   孩子心智发展的五个阶段

心理学家艾力·艾力逊的研究指出，人的一生可以分为八个发展阶段，每一个阶段都有心智成长的特定目标。如果在该阶段因为某些原因不能正常发展，这个人会在生活上出现一些问题，在长大后他仍需补回这个过程，但会付出很大的人生代价。

表 1   不同阶段心智发展任务

阶段	时期	大约年龄	发展的任务及特性
第一阶段	婴儿期	0~1 岁	基本信任 VS 基本不信任
第二阶段	婴幼儿期	2~3 岁	自主 VS 羞怯与怀疑
第三阶段	幼儿期	3~6 岁	积极进取 VS 内疚
第四阶段	学龄儿童期	6~12 岁	勤勉 VS 自卑
第五阶段	青少年期	12~18 岁	群体认同 VS 疏离
第六阶段	成青期	19~40 岁	亲密 VS 孤单
第七阶段	中年期	41~60 岁	创建 VS 停滞
第八阶段	晚年期	61 岁以上	圆满 VS 消沉

每个阶段都有其特定的发展任务，这些发展任务都由有机体生物学上的成熟与社会文化环境、社会期望间不断产生的冲突矛盾所规定。由于发展任务完成得成功与否，有两个极端，靠近成

功的一端就形成积极的品质，靠近不成功的一端就形成消极的品质，每个人的人格品质一般处于两极之间某一点上，教育的作用在于发展积极的品质，避免消极品质。如果儿童在某一阶段发展不良，便会形成危机，但仍可在不同阶段争取向好的方面推进。

表2　前五个阶段的需求满足与否的不同结果

阶　段	孩子的需要或行为	若在这一阶段孩子的需要得到满足	若家长未能在这一阶段满足孩子的需要	由于孩子的需要未能从家长那里得到满足，长大后可能会出现以下的个性/特征	与此阶段有关的成人心理障碍
第一阶段 0-1岁 信任与不信任	肚饿——被喂食物 受惊——被拥抱 哭泣——被拥抱 让孩子知道他的重要性及家长多么地需要他。	孩子会觉得生长大的地方，会是一个长大一个开朗及信任别人的人。	孩子会觉得生长在一个不安全的地方。	1. 表现出一种乎乎寻常及极度害怕被遗弃的表现。 2. 拼命地寻找一个依赖的对象。 3. 需要别人照顾。 4. 深信不能信任任何人。	竭力维持毁灭性的感情关系，出现偏执的倾向，如暴饮暴食，或过分需要别人对自己多考奖。
第二阶段 2-3岁 自主与羞愧	孩子开始学习如何控制自己的生理机能及注意到自主能力及限制（如控制大小便）。	如果有家长支持及受到尊重的对待，他会获得充满自主的感觉及觉得自己对这个世界有一份影响力。	若孩子在这成长阶段中得不到鼓励，或受到恶意的批评及嘲笑，尤其是在他尝试学习如何控制大小便的过程中，他很容易会产生羞及惭愧的感觉。	1. 经常觉得自卑、无用及不可爱。 2. 不相信自己在世界上有存在的理由。 3. 把自己塑造成必须靠别人的人。 4. 觉得自己生存的权利取决于对别人的重要性。 5. 经常做出不恰当的道歉。	不知道自己真正需要些什么，不能拒绝别人的要求，害怕有新的经验，害怕面对别人的愤怒。

续表

阶 段	孩子的需要或行为	若在这一阶段孩子的需要得到满足	若家长未能在这一阶段满足孩子的需要	由于孩子那里的需要未能从家长那里得到满足，长大后可能会出现以下的个性／特征	与此阶段有关的成人心理障碍
第三阶段 4～5 岁 主动性与内疚	1.喜欢幻想，创造及按照自己的主意行事。2.发展出主动性。	如果有家长的支持，他会说出他的想法及表达他的情绪，并且他会发展出健康的好奇心。	如果在这阶段，家长不支持他，反而因他做出新的尝试而处罚他，他会觉得内疚，有犯罪感，因而停止他的主动行为，或改为秘密地做。	1.害怕犯错。2.感到无助及内疚。3.只懂得安慰别人。4.回避风险。5.隐瞒错误。	1.不能认识或表达内心的感受。2.害怕说出内心的事情。3.对感情关系负上过分的责任。4.不断讨好别人。
第四阶段 6～11 岁 勤勉与自卑	与别人竞争及比较。	如果老师和家长鼓励孩子学习及表示孩子有同样的能力，孩子将会受到激励而变得有活力。	如果老师和家长经常严厉地批评或忽略孩子，孩子会不信任自己，或者不会自觉地做事。他会产生不配做某件事或感觉不及别人的感觉。	1.避免参与任何的竞赛或故意喜欢及不如别人。2.觉得不安全及不如别人。3.对自己或别人吹毛求疵。	1.凡事要求完美。2.经常拖延及耽搁。3.不知如何达到目标。

续表

阶段	孩子的需要或行为	若在这一阶段孩子的需要得到满足	若家长未能在这一阶段满足孩子的需要	由于孩子的需要未能从家长那里得到满足，长大后可能会出现以下的个性/特征	与此阶段有关的成人心理障碍
第五阶段 12~21岁 身份与对角色的困惑	1. 找出他自己怎样去适合这世界。 2. 接受自己身体生理上的变化。 3. 界定自己对异性的身份。 4. 界定在同性和同辈里的身份。 5. 思考人生应该怎样度过。	若这阶段容许他去探索自己的梦想及感觉、改变想法及尝试新的方向，他会发展成为一个接受自己的人。	若家长及身边的成人不支持他，又不引导他去探索，而只是过早地强迫他进入某一个角色，他会形成反叛的个性或者变成一个轻浮的人。	1. 不正确地表现出青春期的行为。 2. 对自己人生角色感到矛盾。 3. 不能订立人生目标。 4. 依靠情感关系或事业成就去肯定自己的身份。	1. 需要不断地谈恋爱。 2. 需要凭拥有的东西、认识的人及工作多少去成就自己确定自己人生角色。

　　上表指出在每一个阶段里孩子的需要和家长正确的做法，家长若忽略了便有可能出现的情况，以及孩子长大后会出现的个性特征和其他与这个阶段有关的成人心理倾向。

　　艾力逊的研究结果被现代的社会心理学家所尊崇，因为它解释了在不同社会里成年人性格和行为上出现种种的偏差的成因。

思 考

- 心智发展的阶段及主要任务是什么？
- 孩子五个不同阶段的需求是什么？
- 您家孩子的年龄与心智发展一致吗？
- 您认为自己的心智成熟吗？

学习笔记

1.8　青春期孩子的心理特征和教育要点

1.8.1　青春期孩子的心理特点

情绪特点

情绪容易波动，而且表现为两极性，即有时心花怒放，阳光灿烂，满脸春风；有时愁眉苦脸，阴云密布，痛不欲生，甚至暴跳如雷，可以用"六月天孩子脸"来形容。家长在碰到这种情境时，千万要冷静，否则很容易发生冲突。

情感特点

在这段时期，青少年的情感由原来对亲人的挚爱之情，拓展到对同学、老师、明星、科学家和领袖人物崇敬和追随，由自爱到爱集体、爱家乡、爱人民、爱祖国、爱全人类。也就是说，青少年的情感充分体现了社会性。此时，他们的道德观也发生了变化，对成功人士、名人崇拜得五体投地，对坏人坏事疾恶如仇。他们追求公平公正，一旦发现某人有私心杂念就会嗤之以鼻。就因为他们在现实生活中无法妥协和容纳不同意见的人与事，所以很容易受到伤害。

人际交往特点

处在青春期的学生，渐渐地从家庭中游离，更多地与同伴一起交流、活动，结交志趣相投的同学为知心朋友，他们无话不谈，形影不离，视友谊至高无上，甚至为朋友两肋插刀在所不惜，这些举止往往令家长很难理解，而这恰恰是典型的心理断乳表现，只是发生得太快，家长没有心理准备，如果此时家长愈加束缚，他们就会愈远离家长，有的甚至逃离家庭去投奔同学。

1.8.2　青春期孩子的矛盾心理

独立性和依赖性的矛盾

青春期的少年在心理特点上最突出的表现是出现成人感，由此而增强了少年的独立意识。如他们渐渐地在生活上不愿受家长过多的照顾或干预，否则心理便会产生厌烦的情绪；对一些事物是非曲直的判断，不愿意听从家长的意见，并有强烈的表现自己意见的愿望；对一些传统的、权威的结论持异议，往往会提出过激的批评之词。但由于其社会经历、生活经验的不足，经常碰壁，又不得不从家长那寻找方法、途径或帮助，再加上经济上不能独立，家长的权威作用又强迫他去依赖家长。

成人感与幼稚感的矛盾

青春期少年的心理特点突出表现是出现成人感——认为自己已经成熟，长成大人了。因而在一些行为活动、思维认识、社会交往等方面，表现出成人的样式。在心理上，渴望别人把他看作大人，尊重他、理解他。但由于年龄不足，社会经验和生活经验及知识的局限性，在思想和行为上往往盲目性较大，易做傻事、蠢事，带有明显的小孩子气、幼稚性。

开放性与封闭性的矛盾

青春期的少年需要与同龄人，特别是与异性、与家长平等交往，他们渴望他人和自己一样彼此间敞开心灵来相待。但由于每个人的性格、想法不一，使他们的这种渴求找不到释放的对象，只好诉说在日记里。这些日记写下的心里话，又由于自尊心，不愿被他人所知道，于是就形成既想让他人了解又害怕被他人了解的矛盾心理。

渴求感与压抑感的矛盾

青春期的少年由于性的发育和成熟，出现了与异性交往的渴求。比如喜欢接近异性，想了解性知识，喜欢在异性面前表现自己，甚至出现朦胧的爱情念头等。但由于学校、家长和社会舆论的约束、限制，使青春期的少年在情感和性的认识上存在着既非常渴求又不好意思表现的压抑的矛盾状态。

自制性和冲动性的矛盾

青春期的少年在心理独立性、成人感出现的同时，自觉性和自制性也得到了加强，在与他人的交往中，他们主观上希望自己能随时自觉地遵守规则，力尽义务，但客观上又往往难以较好地控制自己的情感，有时会鲁莽行事，使自己陷入既想自制，但又易冲动的矛盾之中。

1.8.3　青春期孩子教育要点

无条件接纳，用"爱"教育孩子

一个人在成长的过程中，必须要被生命中最重要的人接纳，才能找到成长的动力，而且这种接纳必须是无条件的。只有无条件的接纳，孩子才会感受到温暖，感受到被理解和尊重，从而获得一种自我觉醒的意识。在现实生活中，很多家长只接纳孩子好的一面，不接纳孩子不好的一面。孩子出现顽劣行为、不良行为，家长就唠叨，然后通过唠叨去批评孩子，这是不正确的教育方法，尤其是对处于青春期的孩子。那家长应该怎么做呢？对于青春期孩子的教育是一样的道理，家长应该做到对孩子无条件的接纳，接纳他的改变，接纳他的叛逆，让他感受到你们的尊重，并真正走进孩子的内心世界，让孩子感受到温暖的力量，打开自己的内心世界，愿意主动向你倾诉，把爸爸妈妈视作朋友。

爱心是走进孩子的心灵保证。教育是爱的艺术，是心与心的认同，是心与心的升华，是心与心的沟通。教育家夏丏尊先生认为："教育之没有情感，没有爱，如同池塘没有水一样……没有爱就没有教育。"

多倾听，关注孩子的感受而不是行为

青春期孩子的抱怨是常见的事情，面对身体的变化和来自学习等各方面的压力，不抱怨才是怪事呢。我们做家长的还常常抱怨，更何况是正在经历变化、涉世不深的孩子呢？青春期孩子的抱怨只是一种情绪发泄，我们该做的就是给孩子一个发泄的空间，当好听众。做听众也不容易，要用心倾听，用心感受。孩子希望家长在乎他们的感受，并得到认同。注重孩子的感受，而不是行为，更好地帮助孩子缓解紧张的情绪，让孩子的情绪在宣泄中得以平缓。有些行为孩子也明白是不对的，当孩子的情绪平和下来

以后，会改变不好的行为，毕竟没有人愿意后退，愿意自己天天落后、自暴自弃。给孩子一个宣泄的空间，让孩子的叛逆心转变成进取心。孩子情绪平和时，会对正误有自己正确的判断，正确的坚持，会使孩子向正确的方向前行。

时时记住理解、信任、尊重和平等

对待青春期孩子的叛逆行为，家长一定要遵循的一个重要原则是：理解、信任、尊重孩子的独立性和成人感，与孩子平等、民主相处，用耐心、爱心、包容心来说服和引导孩子的反抗行为。

其实，在以"青春"为主题的"战争"中，孩子想获取的无非是独立人格的承认。而在以"青春"为主题的成长道路上，很多父母之所以无法走进孩子的内心世界，是因为他们没有真正理解孩子。孩子感觉没有得到理解和尊重，他的心门就会关得越来越紧。

只有以平等和尊重为前提的交流，才能获得孩子的信任，才能真正走进孩子的内心世界，才能倾听他们的心声，消除他们的烦恼，才能真正帮助和引导孩子。

信任孩子，给孩子一定的私人空间

作为家长，要持之以恒并发自内心地相信孩子，并让孩子感受到你的真诚，以及对他的信任。

做一个智慧细心的家长吧，不断充实和完善自己，学会控制自己的情绪和情感，在细节上注重尊重孩子，尊重孩子的隐私，尊重孩子的意愿，给孩子提供属于他们的私人空间。将一个带锁的笔记本作为生日礼物送给孩子，说不定会给孩子带来不小的惊喜，让他感受到被尊重，用爱和智慧融化孩子的叛逆吧！

思考

- 青春期孩子有哪些主要特征？
- 如何教育好处于青春期的孩子？
- 孩子逐渐进入了青春期，您都做了哪些功课？
- 假如您的孩子正处于青春期，您对他（她）的表现满意吗？您还有哪些困惑？

1.9　少年期面临的心理社会问题

青少年的心理社会问题是指青少年所表现的不符合或者违反社会准则与行为规范，或不能良好地适应社会生活，从而对社会、他人或自身造成不良影响甚至危害的问题。这里仅谈常见的网络游戏成瘾、自杀倾向、反社会行为与青少年犯罪三个方面的问题。

1.9.1　网络游戏成瘾

网络成瘾属于无成瘾物质作用的上网行为冲动失控，表现为由于过度使用互联网而导致个体明显的社会心理功能损害。网络成瘾又被称为网络游戏障碍。

网络行为表现出一定的发展过程

初期，患者会出现精神依赖：渴望上网，如不能如愿就会产生极度的不适应，出现烦躁、焦虑、暴躁等症状。

中期，患者会出现躯体依赖：表现为头昏眼花、疲乏和颤抖、食欲不振等症状。

后期，患者会出现严重的心理社会问题：正常活动瘫痪，学习、工作、生活均受到严重影响，乃至出现生活自律障碍、认知能力下降、对现实生活失去兴趣甚至出现暴力倾向和暴力行为等严重后果。

网络成瘾者的主要表现

网络成瘾会给青少年带来心理、生理和社会适应方面的困扰和伤害。

第一，不由自主地强迫性使用网络。青少年持久地渴望玩网络游戏，游戏冲动失控甚至难以减少游戏时间，乃至上网玩游戏几乎占据所有时间和精力。

第二，在网络游戏中获得强烈的满足感和成就感。

第三，一旦停止网络游戏会出现心理和生理方面明显或严重的不良反应。不良反应包括抑郁焦虑，出现行为障碍和社交问题，乃至放弃学习，造成亲子关系危机等。

第四，在网络游戏中所获得的虚拟感受反过来会强化上网的欲望，造成恶性循环而不能自拔。

网络成瘾原因

网络游戏本身的特征。网络游戏具有娱乐性、互动性、虚拟现实等特点，可以匿名，又具有不受现实生活交流方式限制的自由度，因此对青少年很有吸引力。网络和电子游戏是一把双刃剑。青少年在游戏中获得益智与促进能力的同时，往往不自觉地陷入网瘾而不能自拔。

青少年本身的特点及个体的人格特征。青少年自制力比较差，自我保护、心理抵御能力弱而容易沉溺于游戏中。那些在人格特征方面具有高焦虑、低自尊、抑郁倾向的青少年更容易网络成瘾。

家庭环境不良和学习压力过大。家庭中亲子关系紧张、父母关系不和谐使青少年经受慢性而又长期的心理困扰；在学校学习压力过大。尤其是对学校生活适应不良的青少年，在现实生活中受到挫折较多，而产生情绪、认知和人际关系失调，他们就会借助网络来舒缓压力、寻找安慰，逃避现实中遇到的困境。

1.9.2　自杀倾向

自杀这一心理社会问题已引起全球广泛关注。我国调查数据表明，我国平均每年自杀死亡人数达 28.7 万，有 200 多万人自杀未遂。自杀已是我国居民的第五大死因。更值得关注的是，自杀是十五至三十四岁人群的首位死因。青少年自杀主要原因有以下几种：

心理障碍

据研究，青少年自杀者中 90% 都有心理障碍，其中以抑郁最为常见。

家庭环境

父母关系不和、父母离异、父母教育方式不良，不懂得、不理解青少年的成长烦恼，对他们采取消极、拒绝的态度，不能给儿童以情感和精神上的支持，家庭暴力导致严重的亲子冲突等，这些家庭压力使脆弱的青少年无力支撑继续承受压力的勇气和信心，从而迷失良好生活和未来前途的希望。

学校的强大压力

学习上的压力、学业上的失败、教师的高压和惩罚、对青少年自尊心的严重伤害等，使脆弱的青少年个体难以"坚挺"地在集体中"适应"下去而寻求解脱。

不能面对个人遭遇的问题

失恋，与异性朋友发生感情上的纠葛和冲突，违法或犯罪后的恐惧，还有被同伴拒绝、被社会排斥，种种情况使他们倍感痛苦、孤立和无助，从而加强他们的自杀倾向。

总之，无论具体情况如何，根本的原因在于青少年期需要面对各种发展中的困难和问题，这使他们的烦恼突然增多。如果处于不良的环境和条件下，这些问题得不到及时的解决，反而会被积累起来，进而导致心理崩溃，最后"逼使"他们采用自杀的方式寻求解脱。

1.9.3　反社会行为与青少年犯罪

青少年违反社会规范和社会行为准则或从事各种违犯法律的行为等，属于反社会行为和犯罪。青少年违法行为比例比其他年龄阶段的人要高，且具有一定普遍性。

青少年犯罪的发展趋势和特点

据资料统计，近年来青少年犯罪呈更加严重的趋势，其主要特点表现为：

第一，犯罪率增加。20 世纪 90 年代，我国青少年犯罪在整个刑事犯罪中的平均比例为 46%，近几年所占比例增大，年增加率超过 5%。

第二，犯罪年龄呈下降趋势。在 2000 年前后的五年期间，我国青少年作案年龄平均下降两岁，十四至十六岁犯罪状况日益增多，十三至十四岁儿童明显增多。第一次失足儿童的年龄呈下降趋势。

第三，犯罪在性别上有女性增加的趋势。

第四，未成年人作案特点日益呈暴力化、团伙化趋势，犯罪类型集中在抢劫、强奸和盗窃，这类犯罪占全部犯罪类型的80%以上。社会中的闲散青少年等群体违法现象突出，并且构成青少年犯罪的主体。

引发青少年犯罪的因素及预防

有些家庭成为滋生青少年反社会行为和犯罪的温床。近年来，我国失和、失教、失德的家庭有所增加，这些问题家庭往往容易"造就"问题青少年。此外，失学、辍学问题也对青少年违法带来严重影响。据少管所和监狱的数据，有近27%的犯罪青少年来自破碎家庭，有近50%的犯罪青少年没有完成九年义务教育。最新统计显示，父母离异家庭的子女犯罪率是健全家庭的4.2倍。

同伴因素和群体压力。在青少年时期，青少年与同伴交往的社会关系需求增强，同伴的影响逐渐取代父母的影响。青少年惧怕被同伴排斥、害怕被集体拒绝，所以许多犯罪是在群体压力的情况下产生的。

处于发展过程中的青少年自身因素。青少年时期，尤其是青春发育期的基本矛盾是成人感与半成熟现状的矛盾。基于此，他们强烈要求表现自己的能力，实现自我价值，但是在行使过程中又经常遭受挫折。这使他们情绪波动，逆反心强，容易冲动，甚至导致矛盾的激化。于是，他们在强大的诱惑和压力下，再加上心理抵御能力的脆弱，又缺乏自我控制能力，便容易走向歧途。

　　父母、教师和其他重要成人，对青少年的心理发展、成长苦恼、面临的问题和困境，一定要真诚而又细心地关注、了解、理解，帮助他们进行选择，引导他们一步一个脚印地走向良好的发展途径。从青少年自身的发展路径着眼，应从小抓起，步步抓好；从青少年的发展环境而言，这是一项从家庭到学校、社区，再到社会等多方面配合的系统教育工程。引导青少年健康成长，良好而又积极地发展是所有父母、教师和其他成年人的天职。

思考

- 什么是反社会行为？
- 您认为网络成瘾的原因有哪些？如何预防？
- 造成青少年自杀的原因有哪些？如何预防？
- 引发青少年犯罪的因素有哪些？如何预防？

1.10　家庭教育存在的问题及对策建议

1.10.1　存在的问题

家长不懂教育

中国家庭教育最大的问题是家长根本不懂教育，大多数家长属于"无证驾驶"，没有经过系统的学习培训，就想当然地按照自己的意愿教育起孩子来。甚至有些家长，自己还是一个"孩子"，是一个心智还不成熟的孩子，就被动地当爸爸妈妈了。这个问题不单是一个家庭问题，更是一个社会问题。

重物质、轻精神

随着社会的发展，家长越来越重视孩子的学习和教育。尤其在独生子女年代，是爷爷奶奶、外公外婆、爸爸妈妈六个人共同为一个孩子的学习"服务"。家长心想：再苦再累也不能苦孩子，不能让孩子输在起跑线上。家长想方设法给孩子提供最好的生活条件，力所能及提供最好的学习环境，最大限度地满足孩子的一切需要；而往往轻视孩子"精神营养"的供应，孩子的内心由于缺乏陪伴、关爱、认可、欣赏和鼓励等"精神营养"，致使心智发育迟缓。重物质、轻精神的结果就是把一个本来可以培养成"巨人"的孩子培养成了"巨婴"。

重应试、轻素质

受当前社会大环境、教育体制和教育资源的影响，大多数家长仍把大部分的时间和精力花在了如何应战"升学备考"上，家长特别关心孩子的学习成绩，特别注重孩子学到了多少知识，期盼孩子考上理想的大学；而在挖掘培养孩子的兴趣爱好、培养孩子的自立能力、提升道德修养等综合素质上下的功夫相对少得多。

榜样做得不够好

家长对孩子和对自己的要求标准不一样，严于律人、宽于律己的现象十分严重。家长要求孩子不能玩手机，自己却把大把的时间花在玩网游、刷微信、看抖音上；家长要求孩子勤奋努力、好好学习，自己却不读书、不学习、不思进取；家长要求孩子讲文明、懂礼貌、孝敬父母，自己的所作所为却恰恰相反。家长是孩子学习的榜样，是孩子心目中的偶像，要求孩子做到的家长首先要做到，身教大于言传。家长按不同标准要求，不但破坏了家长在孩子心目中的形象，也为孩子今后的成长留下了隐患。

角色和任务不清

家长不知道哪些事情该自己做，哪些事情应该早日教会或指导让孩子自己做，自己体验，自己成长。部分家长对孩子过于将就，过分溺爱，剥夺了孩子成长的机会。用一句比较经典的话说，就是"家长辛辛苦苦把孩子毁了，还埋怨孩子不听话、不懂事"。

缺乏有效沟通

这是绝大多数家庭教育的通病。当今社会竞争激烈，生活节奏加快，生活压力大，家长忙于赚钱、工作、学习进修，没有时间和精力照顾孩子，只能把孩子交给老人、保姆和老师照看教育。因为缺乏有效沟通，家长根本不了解孩子的情况，就更谈不上科学教育和正面引导了。

1.10.2　对策建议

家长要坚持学习，不断提升自身素质和修养。

俗话说："活到老学到老。"家长要坚持学习，抽时间、挤时间学习，养成良好的学习习惯。坚持学习的好处有很多：可以拓宽眼界、增长知识；可以净化灵魂、提升素质；可以借鉴经验、成长自己。从某种意义上讲，家长的高度决定孩子的高度。同时，家长有良好的学习习惯，也为孩子树立了很好的学习榜样。

树立正确的家庭教育观

家长要学会尊重孩子，民主、平等地对待孩子，不能"倚老卖老"，端着家长的架子不放。家长也不能把孩子当作自己的附属物或私有财产，期望通过他们去实现自己未能实现的愿望和理想，去补偿自己生活中的缺憾。孩子是独立的、有意识的、有思想的个体，应该得到家长的尊重与平等对待。尊重孩子才是父母最深刻的爱。家长要因材施教，让孩子在自然成长中享受快乐，在日常生活中形成独立的意志品质和健全的人格。

营造良好家庭氛围

父母要营造良好的家庭氛围。孩子来到这个世界上，一切对他来说都是陌生的，他是从父母那里学会认识世界的，父母的一言一行，家庭的环境氛围，每时每刻都对孩子的情感、气质、行为、道德、个性等多方面产生影响。较好的家庭氛围、亲子关系，不仅有利于孩子智力开发，而且有助于孩子身心健康成长。

用正确的方法爱孩子

爱子之心人皆有之。父母的爱，使孩子获得安全感，增强孩子的自信心和上进心，使孩子感到温暖和幸福；但这种爱一旦超过一定的限度就成了"溺爱"，是不利于孩子健康成长的。董进宇博士提出："家长要无条件地爱孩子。"即家长要无条件、无代价地爱孩子"这个人"，但如何爱、怎样爱就是一门较深的学问了，要讲科学，讲方式方法。家长不但要学习掌握孩子的一般成长规律，还要动脑筋，因材施教、因材施策。

培养并运用绿灯思维

大家都知道交通规则"红灯停、绿灯行"，同样的，绿灯思维广泛指正面的、积极的、有利于达到预期目标的思维方法和思维模式；红灯思维泛指负面的、消极的、不利于达到预期目标的思维方法和思维模式。家长不但要自己养成绿灯思维习惯，还要影响孩子多运用绿灯思维，凡事多想积极的一面，用积极的心态面对生活，用积极的语言进行沟通，用正能量的方式为人处世。

思考

- 您在家庭教育过程中是否存在以上问题？
- 您家的学习氛围如何？是否坚持"活到老学到老"？

- 您家的常用思维模式，是绿灯思维还是红灯思维？对孩子的成长都有哪些影响？

- 通过学习改变后，对自己和孩子都有哪些不同影响？

学习笔记

第 **2** 章

关于现代家庭教育的科学方法

2.1 健康爱孩子的原则和方法

如何健康爱孩子，这是家长朋友们普遍关注的话题，不同的家长对"爱"的理解不一样，在这里我强调一个最根本的判断标准，就是家长爱不爱孩子的"裁判"不是家长而是孩子。我国大部分家长爱孩子都是"自以为是"地爱孩子，总是按照自己的意愿和方式疼爱孩子，认为自己所做的一切都是为了孩子。如果家长的爱被孩子感受到了、认可了、理解了、心存感恩了，家长的方法就对了，家长的努力就真正起作用了；否则，就不是健康爱孩子。天下没有父母不爱自己的孩子，家长的教育理念和方法正确了，孩子才会健康成长；如果家长的教育理念和方法出了问题，家长越是爱孩子就越会毁掉孩子。

我国每年发生不少中小学生自杀事件，作为教育者，我感到非常心痛和惋惜，同时也在一次次地给家长朋友们以警示，家长朋友们该反省反省自己了，不能再以过去传统的方式"自以为是"地教育孩子了，应该与时俱进，学习现代科学教育理念，用正确的方法教育和引导孩子。

没有阳光，万物无法生长；没有爱，孩子的精神人格无法正常发育成长。那么，如何健康爱孩子呢？

2.1.1　家长要真正理解什么是"爱"

家长要真正理解什么是"爱",应该把握以下三个原则。

第一,爱是一种自然的"情感"

我们爱一个人,就是希望对方好,就是希望对方快乐幸福的一种利他感情。施爱者与被爱者之间是一种平等的关系。当施爱者以被爱者的利益为出发点,尊重对方、平等地对待对方而给予爱时,此时的爱是真爱;当施爱者居高临下,不问被爱者的感受和需要而给予爱时,此时的爱是施舍、压迫和私心的满足,是与爱的本义背道而驰的。

爱的力量是伟大的,父爱母爱更是如此。作为家长,爱孩子的理由只有一个,就是因为他是你的孩子,除此之外没有任何其他理由。很多家长在爱孩子的时候,根本不管孩子的感受,与其说他们爱孩子,倒不如说他们是满足自己的"爱孩子的需要"更准确。只有父母平等地对待孩子,单纯地以孩子的利益和感受为出发点,在完全接纳和欣赏孩子的前提下表达对孩子的爱,对孩子来说才是一种没有害处只有益处的美好情感。在这种爱的关系下,孩子才能健康成长。

第二,爱是整体地接纳对方

爱一个人,意味着完全接纳对方。作为父母都能够理解这句话,我们要把年轻时谈恋爱的感觉找回来,我们爱一个人,不但要接纳对方的优点,同时也要接纳对方的缺点。如果我们只接纳对方的优点,而无法接纳对方的缺点,那就说明我们并不爱对方。

父母爱孩子，就是既要接纳孩子的优点，同时也要接纳孩子的缺点，绝不能只接纳孩子的优点，而不接纳孩子的缺点。当一个孩子被完全接纳时，他才能感到自尊，才能感到父母的真爱。

第三，爱的"裁判"是孩子而不是家长

爱是一种关系，他的主体有两个：施爱者与被爱着。当施爱者表达自己的爱时，如果被爱着接收不到，只说明是施爱者单方行为，与被爱者没有关系。只有被爱者接收到了爱，才说明有爱。家长们常犯的错误就是站在自己的角度去爱孩子，他们是以自己的主观判断和意愿为出发点来爱孩子的。只要他们自己认为什么对孩子有好处，他们就武断地为孩子做这做那，根本不问孩子的感受。这种专横武断的所谓的爱，破坏了爱的平等性，而对被爱者则是一种折磨。

事实上，很多家长正是在"爱"的名义下，用他们所谓的"爱"毁了孩子。爱能否对孩子起正面的激励作用，关键在于孩子是否感受到是爱。如果孩子没有感受到爱，无论家长怎样认为，都不能说明有爱。所以家长必须记住你爱不爱孩子的判断标准不是你付出了多少，不是你说了算，而是孩子感受到了多少，是孩子说了算。

2.1.2 家长要用正确的方式及时表达对孩子的爱

一是一定要站在孩子的角度，因材施教，提供孩子所需要的爱；二是把孩子真正当作一个生命个体，尊重孩子的独立人格；三是要有同理心，经常用体恤的心态关心、倾听孩子的心声；四

是用多种多样的方式及时表达对孩子的爱，可以直接告诉孩子你爱他，可以用你的眼神告诉孩子你爱他，可以用写信或写纸条的方式表达对孩子的爱，可以用手机短信、QQ 留言、电子邮件、微信等工具表达对孩子的爱，可以通过礼物表达对孩子的爱，等等。

思 考

- 健康爱孩子的原则是什么？
- 您是如何理解"爱的裁判是孩子而不是家长"这句话的？
- 正确及时表达爱孩子的方式都有哪些？
- 您是如何表达父母之爱的？

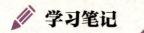
学习笔记

2.2　正确表扬孩子的原则和方法

2.2.1　遵循确认放大原理（亮点原则）

及时表扬孩子的良好行为，有利于帮助孩子塑造正面的行为和习惯，从而避免和减少孩子任性、逆反、不听话等负面行为。

教育家陶行知指出，教育孩子的全部秘密在于相信孩子和解放孩子。而相信孩子、解放孩子，首先就要学会及时确认和表扬孩子。

每个人都有被肯定、被表扬的需要，孩子更是如此。当他乐颠颠地把刚画好的画捧到父母面前时，当他兴冲冲地把自己得到的小红花放到父母手心上时，当他扶起了不慎摔倒的小伙伴时，当他讲完一个故事、叠好一件衣服时，当他学习进步成绩提高时……他往往会望着父母，眼里充满期待，他在期待父母的肯定和表扬。

可惜的是，有些父母也许是怕表扬多了会让孩子产生骄傲的心理，也许是没有意识到表扬的妙处，以为孩子的良好行为是与生俱来理所当然不用表扬的。其实，孩子的良好行为只有在得到不断表扬时，才会不断重复最终形成习惯。如果得不到及时的肯定和表扬，孩子的心里就不会增加印象，这种良好的行为就会慢慢停止。

作为父母，要时刻关注孩子的成长，对孩子每一点细微的进步，每一个小小的闪光点，都要及时肯定、表扬和鼓励，让孩子产生成就感和自豪感，促使孩子不断进步。

2.2.2　表扬的四个原则

表扬要准确

所表扬的事实要准确，不夸大，不缩小。如果表扬得不准确，孩子就会产生疑问，起不到激励的作用。如果表扬错了，孩子就会把错的当成对的，会产生严重的副作用。以后父母想改过来都很难，因为他的是非标准已经混淆了。在这里强调，首先父母的价值观、教育理念等要正确。父母要正确表扬孩子，就必须多陪伴孩子，多关注孩子，只有熟悉了解了孩子，才能及时给孩子必要准确的表扬。

表扬要及时、动真情

父母只有用真心、动真情地表扬，孩子才会给予积极反应。如果父母心不在焉，敷衍了事，孩子往往感到父母是在哄他，不爱他。当孩子做了好事或有了进步，最好当时就给予表扬和鼓励，这样孩子的荣誉感和成就感就会及时得到最大的满足，才能把后面的事情做得更好。

表扬内容要具体

对年幼的孩子来说，表扬不能太笼统、模糊，不能简单地用"你真是一个好孩子""你真棒""你真聪明"这样的赞语说说而已，而应对孩子的优点和进步的具体细节给予肯定，使孩子明白"好"在哪里、"棒"在哪里，同时充分感受到父母的关爱。

要经常表扬

孩子的成长不是一朝一夕的事情，一个优点和一个好习惯的形成需要一个很长的过程。表扬孩子也不能浅尝辄止，偶尔为之。父母要时常关注孩子的行为举止，经常表扬孩子的进步。日积月累，孩子的进步自然越来越多，越来越巩固。

2.2.3　正确的表扬方法

第一步，陈述或明确事实

即孩子具体做对了什么事情，家长要明确地告诉孩子。这样做的结果是，孩子知道自己因为什么被表扬，他下次可以继续做下去。

第二步，家长要分析确认事实的可贵性

即让孩子知道家长为什么要表扬他，让他知道被表扬的真正理由，知道自己行为的真实尺度、价值和意义，从而对自己行为有一个正确的评估。

第三步，家长表达出自己对孩子行为的感受

家长一定要表达为孩子高兴的感情。这种为孩子进步或成长而替孩子高兴的感受，是一股巨大的推动力，会促使孩子继续把事情做下去。这里特别强调：家长是为孩子而感到高兴骄傲，而不是家长自己高兴。这两者有着本质的区别。家长为孩子高兴，表明良好的行为和成绩是孩子自己的事情，家长只是替孩子高兴，家长是旁观者而不是当事人。家长自己高兴，传达了一个信息：孩子取得好成绩，家长就高兴，那么如果孩子不能取得好成绩，家长就不高兴。

第四步，提出倡导或期望将来做得更好

即家长表达完为孩子取得好成绩而高兴的感受之后，还要表达新的期望。也就是告诉孩子，只要他继续努力，他会做得更好。这里强调：家长表达的是宏观期望，而不是提出具体要求，就是家长应该笼统地说："我相信你以后会做得更好……"表达期望，实质是暗含着告诉孩子，学无止境，他还得继续努力，也表达了家长对孩子学习潜力的信任。

同时，家长的情感和肢体语言都要配合到位。

在表扬孩子的场合，家长如果能够拥抱孩子或者拍打肩膀或者抚摸孩子的头等肢体接触，效果会更好。我们知道表扬的目的是让孩子有向上的动力。身体接触，会让孩子直接感受到家长所传达的力量。

总之，表扬会让孩子养成良好的习惯，减少不听话行为。作为父母，要时刻关注孩子，孩子的每一个细微进步、每一个小小的闪光点，都要及时表扬和鼓励，从而让孩子产生成就感和自豪感，促使孩子继续努力，做得更好。

思 考

- 正确表扬孩子的原则？
- 正确表扬孩子的方法和步骤？
- 平时，您是如何表扬孩子的，效果怎么样？
- 按照正确的方法和步骤表扬孩子后，效果又有什么不同？

学习笔记

2.3　有效鼓励孩子的原则和方法

有人说："在教育孩子的事情上，除了鼓励我不知道还有什么方法。"

孩子初生时，对这个世界一无所知，由于生物的自我保护本能，使得他对所处的环境充满恐惧。如果没有成年人的耐心指导和训练，他很难自动学会复杂的人类行为。只有作为成年人的家长站在孩子的背后不断地鼓励孩子，孩子才能逐渐学会做各种事情，其中包括家长最关心的孩子的学习。孩子通过学会做一些事情的经历，积累了一些成功经验，建立了初步的自信。

2.3.1　鼓励的原则

认识并相信人的潜能是无限的

人的脑细胞有 140 亿 ~150 亿个，开发利用不足 10%，大部分处于休眠状态；也有专家认为普通人的大脑只有不超过 2% 的脑细胞参与功能活动，98% 的脑细胞处于休眠状态。即使像爱因斯坦这种精英的大脑的开发程度也不到 10%，大脑潜能尚待开发与利用。

人是宇宙的精灵，我们身上具有无限的潜在能力。只要经过适当开发，任何事情都可以学会。所以，当我们的孩子在学习、生活和人际交往中遇到挫折时，做家长的必须给孩子以鼓励。通过家长的鼓励，家长传达对孩子人格的信任，对孩子能力的信任。这种被人信任的信息，对孩子是一种极大的推动力。促使孩子有信心、有力量来克服他时刻都会遇到的困难。

鼓励孩子是我们家长每天要做的事

孩子的成长需要时间，一个成长中的孩子，他的能力还有待培养，价值观也有待建立。也就是说我们的孩子不会自动地把事情做对，孩子出差错是完全正常的。当孩子因为能力问题把事情做错了时，家长应该教会孩子把事情做对的技巧，并用鼓励把孩子从挫折中拉出来；当孩子因为不知道什么对错而把事情做错了时，家长应该及时帮助孩子分清是非，并用鼓励把孩子从迷茫中解救出来。

当孩子失败时，家长应该用"没关系，下次再来"这句话，打消孩子的失败感。家长必须牢记，孩子是在成长中的人，他的能力还在发展之中，决不能用成年人的标准来要求他们。当孩子失败时，家长应满怀慈悲关爱之心，用真诚的鼓励恢复孩子的勇气。

当孩子遇到不敢做的事情时，家长应该用"没问题，我相信你"这句话来鼓励孩子。孩子在学习、交友和学校集体生活中，随时都会遇到没有做过的事情，心中充满恐惧，是理所当然的事情。家长要随时准备鼓励孩子。孩子的信心和勇气来自家长的鼓励。家长不断地告诉孩子"没问题，我相信你"，孩子才能获得力量，勇敢地面对生活中的难题。

2.3.2　鼓励的具体方法

信任孩子

学习现代教育理念，家长要发自内心地相信孩子的人格和能力。

语言表达

前提条件是家长要细心观察孩子的状况，亲子关系良好，家长知道孩子面临的问题和困惑。如果孩子遭遇失败，家长应该关切地说"没关系，下次再来"；如果孩子感到害怕、恐惧，家长应自信地告诉孩子"没问题，爸爸（妈妈）相信你"。

身体接触

为了恢复孩子的勇气和信心，家长不但用语言告诉孩子，你相信他的人格和能力，鼓励孩子去尝试或再试，更重要的是要与孩子有身体接触，通过拥抱、拍打孩子的肩膀、抚摸孩子的头等方式，把信任和力量传递给孩子。只有这样才能让孩子真正感受到力量，使他们恢复勇气和自信。

思考

- 鼓励孩子的具体方法？

- 您认同"人的潜能是无限的"这句话吗？您信任自己的孩子吗？

- 您经常鼓励自己的孩子吗？您认为用鼓励的方法教育孩子科学吗？

- 用真确的方法天天鼓励孩子，看看孩子都有哪些变化？

学习笔记

2.4　批评孩子的艺术和方法

　　批评是我国家长最常用的传统教育方法，家长普遍认为"苦口良药"，批评孩子是为了孩子好，希望孩子能早日改掉不良行为、坏习惯等，做一个好孩子，做一个对社会有用的人。但在这里我要明确告诉大家，批评方法需谨慎使用，家长需要熟练掌握方法，掌握批评的艺术。如果批评孩子的方法不当，不但起不到正面作用，还可能产生负面效果。

　　举个例子：一位妈妈让孩子做一件家务事，因为种种原因孩子没有做。妈妈就批评孩子说她不是一个好孩子，是一个懒惰的孩子。妈妈经常说同样的话，到最后，这个孩子真变成了一个懒惰的孩子，变成了她妈妈心中的坏孩子。

　　现实生活中这样的例子比比皆是。很多家长在批评孩子的时候，不是就事论事，而是很会翻旧账、秋后算账，从一件小事联想到孩子过去的很多过错，从批评孩子的行为上升到批评孩子的"人本身"，甚至"贴标签"，这对孩子的成长百害无益。

2.4.1　正确使用批评的教育方法

　　在这里，我先强调三点：

　　一是批评只能针对行为或事情本身，而千万不能指向"人"，更不能随随便便给孩子"贴标签"。

二是批评要注意孩子的情绪，家长要确认在孩子情绪稳定下来，能够静下来听进去的时候再讲。孩子情绪不稳定或还没有静下来时，家长不要急着给孩子讲道理，更不要因为孩子的行为影响自己的情绪，说出一些"气话"，甚至打骂孩子，语言暴力对孩子的伤害远超家长们的想象。

三是批评要特别注意场合，不能伤害孩子的自尊心。如果孩子事先没有被教导或者被警告，那么他做了在我们成年人看来是所谓的"错事"，是不应该被指责的。因为他不知道什么是对什么是错，那么批评他，他会不服气而产生逆反心理，以后正确的话也听不进去了；或者把他批评太过了，下次他什么都不敢尝试，变得唯唯诺诺，自卑怯懦。如果孩子身上的缺点有一段时间了或者说比较固定了，简单的批评就是在"强化"，越批评越改不掉，这时提出批评就需要一定技巧，更需要耐心。

2.4.2　正确批评孩子的步骤

第一步，确认事实、陈述事实

家长要以事实为依据，不能冤枉孩子，孩子有申辩的权利。家长要直接告诉孩子他做错了什么事情，把他做错的事情说清楚，这是批评他的前提。

第二步，充分说明批评的原因

家长要解释清楚为什么要批评他，要讲清楚错误行为带来的后果，孩子应该承担的责任等。

第三步，家长应先分析原因，自我检讨

是否存在关爱孩子不够、存在教育方法有问题、有些隐患还没有及时告知孩子等现象。

第四步，家长要表达感受

主要是表达痛苦、愤怒等负面的感受，明确告诉孩子他的行为，使家长感到非常痛心，由此孩子体会到家长的痛苦，使他把错误的行为与痛苦连接在一起，避免下次再犯。

第五步，表达期望

很多家长表达痛苦就完事了，没有给孩子继续往前走的信心。尽管孩子犯了错误，但是家长一定对孩子要有信心，及时表达你对孩子的期望，这是他往好的方向发展的动力源泉。

特别强调：批评不但要注意环境氛围，还要注意保护好孩子的自我价值、自尊心和自信心等。要让孩子感觉到，虽然他的行为错了，但他依然是家长心目中的好孩子，家长并没有因为他犯了一个错误，就改变了对他的看法。孩子只是行为出了差错，孩子的本质并没有变，爸爸妈妈是永远爱他的。

思考

- 批评孩子的正确方法？
- 您批评孩子的方法对吗？如果不对，错在哪里？
- 您经常批评孩子吗？达到预期的效果了吗？
- 孩子犯了错，您从自身找过原因吗？您给孩子道过歉吗？
- 请家长慎用批评方法教育孩子，您知道为什么吗？

2.5　如何用心理解和陪伴孩子

理解，就是懂、了解的意思。家长要理解孩子，并不是一件很容易的事情。家长毕竟是成年人，在认知、情感、理解能力上都比孩子强很多。用心理解孩子，就是要求家长站在孩子的角度去理解孩子的所思所想所作所为；而不能用自己的价值观、能力、素质去衡量孩子的思想和行为。

我们每一代人的价值观，都是根据自己的亲身经历和生存环境的影响而形成的。由于时代是不断发展和进步的，所以上一代人总是看不惯下一代人的所作所为。很多家长一旦发现孩子的行为不符合自己的价值观，就会武断地判定孩子的罪状，认为孩子错了。当孩子不服时，家长还会恼羞成怒地大叫："你还敢顶嘴！"他们会非常专断地强迫孩子服从。在与家长的这种关系中，孩子由于得靠家长才能活下来，所以处于劣势，不得不屈服。这样做的最后结果：表面上孩子挺听话，实际上是口服心不服。从此往后，孩子不再信任家长，不再和家长说心里话，他完全按自己对事物的判断去处理事情。由于孩子终究是孩子，他们的认知还比较短浅，是非好坏等价值观还没有建立起来，那么他们按照自己的判断去做事，十之八九都会做错。而由于我们和孩子的关系扭曲紧张，使得孩子封闭了与家长沟通的渠道，这样家长就无从得知孩子的真实情况，也就没有机会为孩子提供正确的引导。

理解是把孩子行为的原因搞清楚，没有表扬也没有批评。我们强调与孩子相处必须平等和尊重，如果孩子讲话，家长不听，孩子的想法你不理解，这不是平等和尊重。孩子的一个简单的行为有太多的原因，家长需要通过理解来搞清楚孩子要说什么、做什么、怎么做。

家长必须把孩子视为朋友，认真倾听孩子的心声，不带偏见地看待孩子的行为。站在一个朋友的角度，了解孩子的内心感受，客观分析孩子行为背后的心理原因。

家长应该以放松的心情来与孩子进行交流，以此消除孩子的恐惧、烦恼和孤独。使他们鼓起学习、改变、成长的勇气和热情。同时，家长如果成为孩子的知心朋友，就能知道孩子不正确行为背后的心理原因，从而可以用正确的方法教育他、引导他。

与大家一起分享法国诗人马迪·金替孩子写给家长的《如果您能记住》，细心体会，感触较多。

如果您能记住

马迪·金

如果您能记住，

您走一步，我要走三步才能赶上。

如果您能理解，

我观察世界的眼睛比您矮三尺，

如果您在我乐意的时候让我自己试试，

而不是把我推到前面或挡在后面。

如果您能满怀爱心地感受我的人生，

而不剥夺我自我决定的需要，

那么我将长大、学习、改变。

如果您能记住，

我需要时间获得您已有的生活经验。

如果您能理解，

我只讲述相对我的成熟程度来说有意义的事情。

如果您能在我可以时，

让我独自迈出一步，

而不是把我猛推出去或拉回来。

如果您能用您的希望，

感受我的生活，

而不破坏我对现实的感觉，

那么我将长大、学习、改变。

如果您能记住，

我像您一样，

失败后再试需要勇气。

如果您能理解，

我必须自己弄清我是谁。

如果您在我想要时，

让我寻找自己的路，

而不是为我选择您认为我该走的路。

如果您用您的爱，

感受我的人生，

而不破坏我自由呼吸的空间，

那么我将长大、学习、改变。

一个孩子，如果长期缺乏家长的陪伴和关爱，那么思想和行为一定会出问题，他会变得情绪低落、极度自卑、感到自我价值低下等。尤其在婴幼儿时期，会严重影响孩子的正常发育。在这里，我们所说的陪伴，是以孩子为中心，以游戏、交流、运动、学习等方式进行的一种互动模式，而不是现在大家经常看到的或是自己也这样做的，说是陪伴孩子，其实是各自玩各自的，没有互动。比如：有的家长说是在家陪孩子，其实是孩子在看电视，他在家玩手机，这不是真正意义上的陪伴。

现代社会竞争压力大，有些家长每天忙于事业，陪伴孩子较少，就想通过给孩子足够的钱，提供好的物质生活，提供好的学习环境，以此来弥补孩子。可是这样做的结果并不理想。因为孩子的精神成长，最需要的是家长本身。通过和孩子在一起，孩子才有机会学习"人"的各种行为方式。更重要的是，只有跟孩子在一起，家长才有机会表达对孩子健康的爱、接纳、鼓励、表扬和欣赏的感情，而这种情感是孩子精神人格成长必不可少的养分。

法国思想家卢梭认为，教育孩子是为人父母的天职，只能由家长自己来承担，别人无法越俎代庖。家长无论多忙，都必须每天抽出一定时间来陪伴孩子，这样孩子才能健康成长。

思考

- 大声朗读马迪·金的《如果您能记住》，您的感悟？

- 您真正了解自己的孩子吗？

- 您知道孩子成长的自然规律吗？

- 关爱孩子，您都采取了哪些方式方法？效果如何？

学习笔记

2.6　如何引导孩子学会自我管理

自我管理，可以视为与自我的关系管理，就是指个体对自己本身，对自己的目标、思想、心理和行为等表现进行的管理，自己把自己组织起来，自己管理自己，自己约束自己，自己激励自己，自己管理自己的事务，最终实现自我奋斗目标的一个过程。

自我管理又称为自我控制，是指利用个人内在力量改变行为的策略，普遍运用在减少不良行为与增加好的行为的出现。自我管理注重的是一个人的自我教导及约束的力量，即行为的制约是透过内控的力量（自己），而非传统的外控力量（教师、家长）。

在传统的教育方式下，许多孩子只懂得被动地接受管束，缺乏自我约束意识，一旦脱离父母的管理，就会出现种种不听话的行为。

随着孩子年龄的增长，能力的提高，活动范围的扩大，自我管理越来越重要。那么具体而言，父母应该如何引导和帮助孩子学会自我管理呢？

2.6.1　引导孩子学会独立

很多家长在生活中总是替孩子包办所有事物，这会使孩子形成"只要我不愿意做的事情，家长就会帮我去做"的意识。因此，家长要通过各种形式让孩子知道，他已经长大了，自己的事情要自己做，更要让孩子意识到，他有能力管理自己的生活。在信心的鼓舞下，孩子会很好地管理自己的生活。家长可以培养孩子做一些力所能及的事情，例如穿衣洗漱、帮忙做家务等。

对孩子来说，学习和自我管理能力来自目标和意志力。心理学研究表明，"目标"是一个人获得动力的源泉。很多孩子的学习自控能力差其实就是因为学习目标不明确。家长应该从学习目标导向上给孩子以指引，引导孩子结合自己的兴趣确定未来的发展方向，这样有利于孩子在实现目标的过程中不断受到鼓励，从而提升兴趣和意志力。意志力的培养需要循序渐进，每一次孩子为了向目标前进所做出的努力都是培养意志力的过程。

2.6.2 引导孩子学会控制自己的行为

澳大利亚教育专家莫妮卡博士对孩子进行的自制力测试结果显示，大部分孩子经不住眼前的诱惑，自制力较弱。家长应该意识到让孩子学会控制自己行为的重要性，帮助孩子建立"可""否"的观念，让孩子明确什么是可以做的、什么是不可以做的，在脑海中有一个判断是非的标准。按照这个标准，孩子才能认识到自己行为是否正确，并学会控制自我。

让孩子对自己可以支配的时间拥有自主感。家长经常会出于担心孩子迟到、害怕孩子浪费时间等方面的考虑，总喜欢跟着孩子，催促孩子。孩子几乎失去了对所有时间的自主支配权，晚上睡觉得听大人的，早上起床需要大人提醒，做作业更需要大人守护。长此以往，孩子很可能迷失自我，找不到自我存在感。家长应该让孩子自主管理自己的时间，比如，家长和孩子一起制定时间管理表。

2.6.3 引导孩子学会管理自己的情绪

在遇到不如意或者突发事件的时候，孩子一般都会表现出情绪不稳定。在这个时候，做父母的就要教会孩子应该怎么样正确释放自己的情绪，学会管理自己的情绪。父母不应在孩子情绪很糟糕的时候还打骂，而应该在孩子平静之后，心平气和地教育孩子。情绪的确是人的心情的一种表达，但是人应该学会控制自己的情绪。发怒本身就是一种自我伤害，而且对事情的解决是于事无补的。等孩子平静之后再对孩子进行教育，才能使他真正意识到问题所在，懂得如何正确释放自己的情绪。

人类都有七情六欲，情绪的控制对成人来说尚且不易，对孩子来说就更难了。事实上，人的情绪变化正如天气的变化一样自然和正常。在这种情况下，调节和控制就很重要。除了在每一件事后的调节，平时还要"修身养性"。多读有益的书，培养良好的兴趣和进行体育锻炼，甚至可以静坐，对于情绪的调节都有帮助。

情绪管理是自我管理的重要组成部分，家长要教会孩子认识自己的心情，并表达出来。逐渐地，他就能够控制自己的情绪了，心态平和且乐观。首先，家长要让孩子知道在父母面前，遇到不开心的事情可以尽情哭泣、诉说，要成为一个可以让孩子安心表达自己情绪和需求的人。

自我管理对于成人尚且是个考验，对孩子来说就更不容易，不过一旦学会了自我管理，对于孩子的学习以及未来的成长都是大有裨益的。自我管理能力的养成，其实就是成长能力的养成。事实上，这是非智力因素的核心部分。孩子懂得自控，懂得忍耐，做事有条不紊，毫无疏漏；有很强的独立生活能力，能够管理好自己的情绪，并能推己及人，换位思考，体谅他人的喜怒哀乐……最终，孩子将成为一个有责任心的人，充满自信与自豪。

思考

- 请对自己的自我管理能力进行客观评价，您认为自己的榜样做得好吗？

- 您认为教孩子学会自我管理重要吗，还有哪些好的方法值得分享？

- 您认为什么时候教孩子学习自我管理比较合适？

- 引导孩子学会自我管理，对他的一生有哪些影响？

2.7　如何引导孩子学会管理情绪

　　情绪管理，就是用对的方法，用正确的方式，探索自己的情绪，然后调整自己的情绪，理解自己的情绪，放松自己的情绪。

　　简单地说，情绪管理是对个体和群体的情绪感知、控制、调节的过程，其核心必须将人本原理作为最重要的管理原理，使人性、人的情绪得到充分发展，人的价值得到充分体现；是从尊重人、依靠人、发展人、完善人出发，提高对情绪的自觉意识，控制情绪低潮，保持乐观心态，不断进行自我激励、自我完善。

　　情绪的管理不是去除或压制情绪，而是在觉察情绪后，调整情绪的表达方式。有心理学家认为，情绪调节是个体管理和改变自己或他人情绪的过程。在这个过程中，通过一定的策略和机制，使情绪在生理活动、主观体验、表情行为等方面发生一定的变化。这样说，情绪固然有正面有负面，但真正的关键不在于情绪本身，而是情绪的表达方式。以适当的方式在适当的情境表达适当的情绪，就是健康的情绪管理之道。

　　情绪管理就是善于掌握自我，善于调节情绪，对生活中矛盾和事件引起的反应能适可而止的排解，能以乐观的态度、幽默的情趣及时地缓解紧张的心理状态。

　　孩子不听话，很多时候是因为自我的情绪控制能力太差。另外，在孩子未来成功的路上，最大的敌人其实不是缺少机会，或是资历浅薄，而是缺乏对自己情绪的控制力。愤怒时，不能遏制怒火，使周围的合作者望而却步；消沉时，放纵自己的萎靡，把许多稍纵即逝的机会白白浪费掉。情绪影响着人的理智和行为，为此，父母要注意培养孩子控制和调节情绪的自觉性。

健康情绪的发展对孩子的个性形成起着至关重要的作用，它关系一个人一生的成长。

我们看到有些孩子不管是难过、挫折，或是无聊，都会用暴力的方式来发泄，不但给他人带来了困扰，也影响了自己的人际关系，造成这种行为的原因很可能只是他不知道该如何正确表达和分享自己的感受而已。

那么，父母该如何引导，帮助孩子学会管理自己的情绪呢？

2.7.1　要让孩子喜欢自己，家庭要给孩子认同感

父母是孩子的榜样，父母首先要学会管理自己的情绪，不将不良情绪带进家庭，带给孩子伤害。父母要塑造一种安全、温馨、平和的心理情境，用欣赏的眼光鼓励孩子，让孩子产生积极的自我认同，获得安全感，让其能自由、开放地感受和表达自己的情绪，使某些原本正常的情绪感受不因压抑而变质。

2.7.2　让孩子认识情绪，表达情绪

通过亲子之间的对话让孩子正确认识各种情绪，说出自己心里的真实感受。平时，父母可以引导孩子知道"妈妈好高兴

哦""嗯，我很伤心"等原来人是有那么多情绪的。父母还可以
通过句式"妈妈很生气，因为……""我感到有点难过，是因
为……"来告诉孩子自己情绪的来源，同时也可以问孩子"你是
什么感觉啊""妈妈看见你很生气、难过，能告诉我发生了什么
事吗"等话来引导孩子表达自己的情绪及发现自己情绪的起因。

2.7.3 让孩子体验情绪

父母除了与孩子交流自己的情绪感受外，还可以通过编故事、
角色扮演和孩子讨论故事中人物的感觉和前因后果，利用周围的
人和事物引导孩子设想他人的情绪和想法。从他人的情绪反应中，
孩子会逐渐领悟到积极情绪能让自己和对方快乐，消极情绪会给
自己和对方造成痛苦，不利于事情的解决。孩子如果能够在表达
情绪与控制情绪之间取得平衡，便能以建设性的态度表达强烈的
情感，而且控制对自己、对他人有伤害的情绪表达方式。

2.7.4 让孩子学会乐观地面对生活

积极的情绪体验能够激发人体的潜能，使其保持旺盛的体力和
精力，维护心理健康；消极的情绪体验只能使人意志消沉，有害身
体健康。为此，学会保持乐观的生活态度与情绪，对孩子来说是十
分重要的。作为父母，要培养孩子乐观地面对人生。孩子的情绪受
父母行为的直接影响，与孩子相处时，父母必须乐观一点。

在教育孩子学会乐观面对人生时，家长除了多与孩子交流，
培养孩子的自信心之外，还有一个很重要的方面——相信孩子，

给予他们鼓励和支持，帮助孩子克服一些他现在克服不了的困难，只有这样，才能教会孩子以正确的态度和措施保持乐观。

2.7.5　教会孩子适当宣泄不良情绪

人在精神压抑的时候，如果不寻找机会宣泄情绪，会损害身心健康。在愤怒的时候，适当宣泄是必要的，不一定要采取大发脾气的方法，可以采用其他比较好的方法。例如，盛怒时赶快跑到其他地方、做点体力活，或者干脆跑一圈，这样就能把因盛怒激发出来的能量释放出来。

情绪无所谓对错，只看表现的方式是否为社会所接受。家长要学会接纳孩子情绪表达的多面性，情绪表达的各种面貌都蕴藏着情绪转化的可能性。消极情绪可以转化为积极情绪。唯有正视情绪表达的所有方式，才有可能健康地调节情绪。能驾驭自己情绪的孩子，才能够成为听话的孩子。

思考

- 您是否理解孩子情绪变化的真正原因？我们该如何进行教育引导？
- 当孩子情绪不稳定时，我们该怎么做？
- 情绪对孩子的健康成长有哪些影响？
- 试着分析探讨管理情绪与情商的关系？

2.8 如何引导孩子学会自我反省

反省意指检查自己的思想行为中的错误。我认识一位老者，多年来坚持"无一日不读书，无一日不反省"的生活好习惯，值得我们学习。

自我反省能力是人们一种内在的人格智力，是认识自我、完善自我、不断进步的前提条件。对孩子而言，具备自我反省的能力，就能正确认识自己的优缺点，自尊、自律，有计划地规划人生，遇到困难和挫折时，能够及时调整自己的情绪，积极进取，渡过一次次难关，一步步走向成功。

在幼儿时期，孩子尚未形成完备的自我意识，自我反省的内在人格智力还处于萌芽阶段，因此需要家长正确引导，从小培养。

教育专家指出，孩子到了一定年龄都会有一定的判断能力，可以简单判断好坏，并且有了自尊心和羞耻感。如果做错事，他们一定会感到羞愧，只是不同的孩子羞愧的程度不同而已。问题是怎样启发他们的自尊心、羞耻感，进而使他们反省，自己下决心改正。

那么家长怎样引导，才能使孩子学会自我反省呢？

2.8.1　不直接指责孩子的错误

当孩子做错事时，父母不要一味给予斥责，否则易引起孩子的反感，对父母产生抵触情绪，使孩子内在智力的发展受到限制。这时，父母可以冷静对待，从侧面引导孩子进行自我反省，明辨自己的过失。

2.8.2　让孩子承担犯错的后果

孩子做错了事，许多父母常常替孩子去承担犯错的后果，使孩子觉得做错了也没关系，丧失责任心，不利于培养其自我反省能力，使他以后容易再犯类似的错误。所以，父母应该让孩子自己去承担犯错的后果，让孩子明白，一旦犯错，将会造成不良甚至严重的后果。

2.8.3　重视负面道德情感的正面效应

给孩子灌输正直、善良、勇敢等正面的道德情感，可塑造其美好的心灵；而让孩子体验羞愧、内疚等负面道德情感也会使其受益匪浅，而且羞愧、内疚等负面道德情感与正面情感相比，更能在孩子的心中留下深刻记忆，促使他不断自我反省，区分好坏、是非、对错和美丑，改正错误。

2.8.4　引导孩子预见事情的后果

许多孩子往往比较冲动，想做一件事情的时候根本就不考虑后果，而且由于孩子经历比较单纯，能够预见到的后果往往与成人能够预见的不一样。这时候，父母应该适当指导孩子，如果孩子无法跟成人一样思考，父母不妨让孩子尝试一下，结果肯定会出乎孩子的意料。这时，孩子就会反省自己的行为了。

当孩子犯错或者不听话的时候，父母不应该一味地指责甚至训斥孩子，要知道"人非圣贤，孰能无过"，何况是年幼的孩子。父母应该以自己丰富的人生经验耐性地给孩子分析其中的利害关系，让孩子在父母的指引下一步一步地反省自己，从而找到正确的方向。这样，孩子对这件事情的认识才会更深刻，以后就不会再犯类似的错误。

思考

- 您经常自我反省吗？
- 您认为自我反省有哪些好处？
- 引导孩子学会自我反省还有哪些好的方法？
- 试着分析探讨学习、实践、反省对一个人成长的重要性及相互关系？

学习笔记

2.9　如何提高孩子的应挫能力

在现实生活中，有些孩子因受挫折而离家出走甚至自杀的现象屡见不鲜。许多家长唯恐孩子遭受艰难困苦，把孩子置于蜜罐中培养，对孩子过分骄纵、百依百顺。可见父母重新审视家庭教育方式，对下一代进行挫折教育很有必要。

挫折，是指人们在有目的的活动中，遇到阻碍人们达成目的的障碍。心理学上指个体有目的的行为受到阻碍而产生的必然的情绪反应，会给人带来实质性伤害，表现为失望、痛苦、沮丧不安等。挫折易使人消极妥协。

挫折包括三个方面的含义：

一是挫折情境，即指对人们的有动机、目的的活动造成的内外障碍或干扰的情境状态或条件，构成刺激情境的可能是人或物，也可能是各种自然、社会环境。

二是挫折认知，即指对挫折情境的知觉、认识和评价。

三是挫折反应，即指个体在挫折情境下所产生的烦恼、困惑、焦虑、愤怒等负面情绪交织而成的心理感受，即挫折感。其中，挫折认知是核心因素，挫折反应的性质及程度，主要取决于挫折认知。

一般来说，挫折情境越严重，挫折反应就越强烈；反之，挫折反应就轻微。但是，只有当挫折情境被主体所感知时，才会在个体心理上产生挫折反应。如果出现了挫折情境，而个体没有意识到，或者虽然意识到了但并不认为很严重，那么，也不会产生挫折反应，或者只产生轻微的挫折反应。因此，挫折反应的性质、程度主要取决于个体对挫折情境的认知。

挫折反应和感受是形成挫折的重要方面，个体受挫与否，是由当事人对自己的动机、目标与结果之间关系的认识、评价和感受来判断的。对某人构成挫折的情境和事件，对另一人不一定构成挫折，这就是个体感受的差异。

在挫折面前很多孩子都会显得束手无策，或者拒绝，或者逃避，如果反应过于激烈，那么他们就成了家长眼中不听话的孩子。面对这样的孩子，家长应该提高其应对挫折的能力。

困难和挫折，对于成长中的孩子来说，是最好的锻炼。一个孩子，如果没有经历过困难和挫折，就品味不到成功的喜悦，没有经历过苦难，就永远感受不到什么叫幸福。

在人生的道路上，孩子常会遇到挫折。所谓遭受挫折，就是俗话说的碰钉子，是指人们在某种动机的推动下，在实现目标的过程中遇到了障碍和干扰，使其需要或动机不能获得满足时产生的紧张状态和消极的情绪。在日常生活、学习、工作中，遇到挫折是在所难免的。孩子由于幼稚，缺乏经验，所受的挫折会更多些。

人的一生不会总是一帆风顺，孩子虽然经历浅显，也会遇到这样或那样的挫折。从心理学的观点看，一个人受一些挫折，特别是早期受些挫折很有好处，可以催化他更快地成熟。挫折对孩子的成长有着特殊的意义。

从教育学的视角看，挫折是一种珍贵的资源，也是一种人生的财富。因此，父母应当更新教育观念，加强对孩子的挫折教育，努力培养孩子抗挫折的能力。教育专家指出，让孩子适当受点挫折教育，对他的一生都会有益。由此可见，对孩子进行挫折教育对现代家庭来说，是十分必要的。

2.9.1　培养孩子对待挫折的正确态度

作为孩子，对周围的人和事物的态度常常是不稳定的，易受情绪等因素的影响，在碰到困难和失败时，他们往往会产生消极情绪，不能以正确的态度对待。这时，父母要有意识地将孩子的失败作为教育的契机，引导孩子重新鼓起勇气，大胆自信地再次尝试，同时，还应让孩子明白人人都可能遇到困难和挫折，树立战胜困难和挫折的勇气和自信心，提高克服困难和抗挫折的能力。

2.9.2　提高孩子对挫折的心理承受力

孩子在遇到困难和失败时，往往会产生消极情绪，表现出畏缩、退却、逃避等行为。因此，家长应该有意识地设计一些有一定难度的目标，让孩子去完成。在孩子遇到困难，退却、逃避的时候可以有一些批评，以提高孩子的心理承受能力，而不是因为不忍心、舍不得孩子受委屈，就不愿意对孩子的行为做出正确的评价。

2.9.3　激发孩子勇敢面对挫折的自信心

让孩子适当接受挫折教育并不是什么坏事，但是一味让孩子受挫，而不去进行引导，对孩子而言则是弊大于利。因为一个人受挫时，心理都会波动很大，会产生消极、抵触甚至对抗的情绪，此时父母要耐心正确地引导，及时鼓励肯定孩子，提醒孩子从不同的角度去尝试，帮助孩子总结最佳处理问题的方法。在孩子处理问题的过程中，父母还要及时帮助孩子分析受挫的原因，激发孩子战胜困难的信心，从而使孩子的各种能力全面发展。

2.9.4　从生活中为孩子创造锻炼的机会

父母要让孩子走出大人的"保护圈"，放开手脚不要怕孩子摔着、碰着、饿着、累着。孩子摔倒了鼓励他自己爬起来，对挑食、偏食、厌食的孩子，饿他一两顿又何妨？孩子的事情让他自己做，孩子能解决的问题父母不要去帮忙。例如，到了一定年龄要玩具自己去拿，上衣、裤子自己穿。在家庭生活中，父母要安排孩子做一些力所能及的事，切不可把孩子成长过程中的困难都解决掉，把他前进的障碍清除得干干净净。

巴尔扎克说过："世上的事情，永远不是绝对的，结果完全因人而异。苦难对于天才来说是一块垫脚石，对于能干的人是一笔财富，而对于弱者是一个万丈深渊。"一个孩子受不了委屈，经不起挫折，害怕困难，不可能面对现代竞争激烈的大千世界。每一位父母都应尽力培养孩子的抗挫折能力，使他在任何困难和挫折面前泰然处之，保持乐观。

思 考

- 您是如何看待挫折的?

- 您认为自己的孩子受挫能力强吗?

- 提高孩子的受挫能力，您还有哪些高招?

- "苦难对于天才来说是一块垫脚石，对于能干的人是一笔
  财富，而对于弱者是一个万丈深渊。"谈谈您对这句话的
  理解?

学习笔记

2.10　如何培养孩子的感恩意识

当接受别人的帮助时，孩子会说"谢谢"吗？

当父母生病时，孩子会比平时更体贴，主动做些什么吗？

当孩子自己吃着零食时，他会想到分一点给身边的人吗？

当看电视时，他会征求你的意见，问："妈妈，你想看什么吗？"

当你过生日的时候，孩子会为你送上祝福和惊喜吗？

……

孩子对生活有感恩的态度，他们的心中便有一块"良田"，用以孕育生活的美。感激的力量会让美好的东西像磁石一样，把幸福源源不断地吸引过来。从小培养孩子感恩分享，不仅是一种礼仪，更是一种健康心态。

长期以来，我国在教育方式上，以往比较多的是说服、灌输式的道德教育，忽略利用最直接的现实生活进行感恩教育。无论在学校的课堂还是在家里，孩子们接受感恩教育最常见的形式是通过书本，或者由家长讲个感恩的小故事，告诉孩子应该怎么做。这种方式，孩子对感恩的认识会比较肤浅，没有切身感受到为什么应该感恩，感恩的心情是怎样的，感恩的人心情是怎样的。

父母在为孩子艰辛操劳、无私奉献的时候，有的孩子坦然接受关爱而不思回报，享受得心安理得；有的孩子能通过自己的劳动，用实际行动为父母分担忧愁。

所以感恩教育需要父母有意识地在实际生活中进行。如果我们只知道奉献，而不知道把自己的劳动与付出呈现给孩子、教育孩子，孩子也就无从感受到社会和人们对他的关爱。让孩子学会感恩，就是教他懂得尊重他人，对他人的帮助怀有感激之心，而不是忘恩负义。从而让孩子生活得更富有、更美好。

那么，父母要如何做，才能让孩子拥有一颗感恩的心呢？

2.10.1　带头大声说"谢谢"

妈妈帮爸爸做事时，爸爸要大声地对妈妈说"谢谢"；妈妈接受爸爸的帮助，也要说一声"谢谢"。虽只有简单的两个字，却能为孩子播下感恩的种子，让孩子从小就意识到对于别人的帮助要表示感激。在这种氛围中，孩子耳濡目染，接受这种最基本的礼仪，就会逐渐将感恩内化在日常生活中。

2.10.2　充分利用节假日

节日是感恩教育很好的时机。母亲节、父亲节、教师节等节日，都是培养孩子感恩父母、老师等长辈的好契机。在父亲节和母亲节，给爸爸妈妈说几句真诚感谢的话语；教师节，让孩子亲手制作贺卡送给老师，表达对老师的美好祝愿。节日的各种活动在无形中能强化孩子感恩的意识。

2.10.3　发挥榜样作用

要让孩子成为一个懂得感恩的人，父母要做好榜样。有则公益广告中有这样的镜头：儿媳妇每晚都把热乎乎的洗脚水端到婆婆的房间，为婆婆洗脚；另一个镜头是儿媳妇四五岁的儿子也学着妈妈的样子，颤巍巍地端来洗脚水要为他妈妈洗脚。画面温馨感人，这正是言传身教的力量。

2.10.4　让孩子体验感恩

很多孩子喜欢帮大人做家务，如浇花、择菜、扫地等，有时候会"越帮越忙"，这时父母切勿忽视孩子的行为，剥夺孩子做事的机会。让孩子做力所能及的事，了解父母的不易，学会关爱他人，感恩之心在孩子的体验中逐步唤醒。

2.10.5　帮孩子表达感恩

当孩子不知道怎样表达谢意时，父母要理解和帮助他，这时可以替孩子以他的名义来感谢。让孩子感受到父母理解他的处境，体验到充足的安全感、信任感，轻松学会如何用语言来表达谢意。

2.10.6　不能对孩子百依百顺

一些父母对孩子的要求百依百顺，特别是在物质上不断满足。结果过分的宠爱，无休止的满足，渐渐使孩子养成了自私自利、任性乃至放荡不羁的个性。他们自负地认为自己无所不能。因此，培养孩子感恩的品质，就不能对孩子百依百顺，要让他们知道自己现有的一切都是父母劳动得来的。

2.10.7 让孩子学会理解他人

感恩之心产生于理解，一个不能正确认识自己、狂妄自大的人是不会有感恩之心的；一个不能正确理解他人善意的人也是不会有感恩之心的；一个不能够正确理解他人的人也是不会有感恩之心的。

2.10.8 学会分享给予

我们常说："施恩于人共分享""赠人玫瑰，手有余香"。人生在世，要学会分享给予，养成互爱互助行为。给予越多，人生就越丰富；奉献越多，生命才更有意义。

感恩是一种交往的哲学。英国作家萨克雷说："生活就是一面镜子，你笑，它也笑；你哭，它也哭。你感谢生活，生活就赐予你灿烂的阳光；你不感谢，只知一味地怨天尤人，最终可能一无所有。"

父母要教育孩子感谢生活，感激自己所得到的一切，并且以平常心看待生活中的每一件事情，尤其是在遇到困难、遭到不幸的时候，仍然要感谢生活，做生活的主人。

感恩的力量是无限的。感恩让我们拥有真正的幸福和发自内心的快乐。从小让孩子学会感恩，是送给孩子宝贵的精神财富，让他拥有温暖而有力量的一生。

思考

- 如何培养孩子的感恩意识？

- 您认为自家的孩子懂得感恩吗？

- 学会感恩对一个人的成长都有哪些好处？

- "给予越多，人生就越丰富；奉献越多，生命才更有意义。"

  谈谈您对这句话的理解，生活中您是怎样做的？

学习笔记

第 **3** 章

关于现代家庭教育的典型案例

3.1　优秀家庭教育　案例一

"生子当如俞敏洪"是许多家长的心愿，俞敏洪出生于江苏省江阴市，毕业于北京大学，新东方教育集团创始人，现任新东方教育集团董事长。他本科毕业后留校任教，1993年创办北京新东方学校，2006年带领新东方成为中国大陆第一家在美国上市的教育机构。但许多人可能很奇怪，俞敏洪的父母并不识字，那么他们是如何教育出这样成功的孩子呢？

3.1.1　母亲的一件事：教给了俞敏洪如何做人

俞敏洪八九岁的时候，有一天突然下大暴雨。当时，家家户户都晒着稻谷，母亲发现邻居家没人，就带着一家四口先把邻居家的稻谷全都收回去了，等到要收自家稻谷时稻谷已经全部被淋湿了。当时俞敏洪很不理解，母亲就给他讲了两点：首先，别人有困难的时候我们就要去帮助人家，他们家里没有人，如果我们不帮他们收，他们家一年的粮食就会被淋湿；其次，如果邻居之间相处得不好，是不可能在遇到困难的时候互相帮助的。这个时期的孩子最容易受父母的影响，所以他就逐渐养成了乐于助人、不怕吃亏的习惯。

到了北大以后俞敏洪养成了一个习惯，每天为宿舍打扫卫生，这一打扫就干了四年。所以他们宿舍从来没排过卫生值日表。另外，他每天都拎着宿舍的水壶去给同学打水，把它当作一种体育锻炼。大家看他打水习惯了，最后还出现这样一种情况，有的时候他忘了打水，同学就说："俞敏洪怎么还没有去打水？"但是他并不觉得打水是一件多么吃亏的事情，因为大家都是同学，互相帮助是理所当然的。有人说他傻，有人问他这样打水有什么好处。他相信好处是会有的：你做一件善事，它的回报今年可能会出现，也有可能是十年后出现。如果你做了一件好事，当天就要求回报，那你一定是个势利眼，也是个心胸狭窄的人。你不要求回报，回报也会来。当你有困难的时候，周围的人都觉得你是好人，他们能不伸手帮你吗？当然，他打水的时候并没有想到有朝一日自己有困难时，他人会伸出援助之手。但是十年后的 1995 年，新东方已经做到了一定规模，他希望找合作者，就跑到了美国和加拿大寻找他的那些同学。他为了诱惑他们回来特意换了一大把美元，每天在美国非常大方地花钱，想让他们知道在中国能赚钱，他想大概这样就能让他们回来。后来他们回来了，但是给了他一个十分意外的理由。他们说："俞敏洪，我们回来是冲着你过去为我们扫了四年的地，打了四年水。"他们说："我们知道，你有这样的一种精神，所以你有饭吃肯定不会给我们粥喝。"这些人的加入奠定了新东方发展的基础，新东方才会不断地做大，做成美国的上市公司，做成了今天的规模。

3.1.2　父亲的一件事：教给了俞敏洪如何做事

俞敏洪的父亲是个木工，常帮别人建房子，每次建完房子，他都会把别人废弃不要的碎砖乱瓦捡回来，或一块二块，或三块五块。有时候在路上走，看见路边有砖头或石块，他也会捡起来放在篮子里带回家。久而久之，院子里多出了一个乱七八糟的砖头碎瓦堆。俞敏洪搞不清这一堆东西的用处，只觉得本来就小的院子被父亲弄得没有了回旋的余地。直到有一天，父亲在院子一角的小空地上开始左右测量，开沟挖槽，和泥砌墙，用那堆乱砖左拼右凑，一间四四方方的小房子居然拔地而起，干净漂亮地和院子形成了一个和谐的整体。父亲把本来养在露天到处乱跑的猪和羊赶进小房子，再把院子打扫干净，俞家就有了全村人都羡慕的院子和猪舍。

当时俞敏洪只是觉得父亲很了不起，一个人就盖了一间房子，然后就继续和其他小朋友一起，贫困但不失快乐地过着农村生活。等到长大以后，才逐渐发现父亲做的这件事给他带来的深刻影响。从一块砖头到一堆砖头，最后变成一间小房子，他父亲向他阐释了做成一件事情的全部奥秘。一块砖没有什么用，一堆砖也没有什么用，如果一个人心中没有一个造房子的梦想，拥有天下所有的砖头也是一堆废物；但如果只有造房子的梦想，而没有砖头，梦想也没法实现。当时俞敏洪家穷得几乎连吃饭都成问题，自然没有钱去买砖，但他的父亲没有放弃，日复一日捡砖头碎瓦，终于有一天有了足够的砖头来造心中的房子。

后来的日子里，这件事情凝聚成的精神一直在激励着俞敏洪，也成了他做事的指导思想。在他做事的时候，他一般都会问自己两个问题：一是做这件事情的目标是什么，因为盲目做事情就像捡了一堆砖头而不知道干什么一样，会浪费自己的生命。第二个问题是需要多少努力才能够把这件事情做成，也就是需要捡多少砖头才能把房子造好。之后就要有足够的耐心，因为砖头不是一天就能捡够的。

俞敏洪生命中的三件事证明了这一思路的好处。第一件是他的高考，目标明确：要上大学，头两年他都没考上，他的砖头没有捡够，第三年他继续拼命捡砖头，终于进了北大；第二件是他背单词，目标明确：成为中国最好的英语词汇老师之一，于是他开始一个一个单词背，在背过的单词不断遗忘的痛苦中，父亲捡砖头的形象总能浮现在他眼前，最后他终于背下了两三万个单词，成了一名不错的词汇老师；第三件事是他做新东方，目标明确：要做成中国最好的英语培训机构之一，然后他就开始给学生上课，平均每天给学生上六到十个小时的课，很多老师倒下了或放弃了，他没有放弃，十几年如一日。每上一次课他就感觉多捡了一块砖头，梦想着把新东方这栋房子建起来。到今天为止他还在努力着，并已经看到了新东方这座房子能够建好的希望。

思考

- 俞敏洪的家庭教育对您有哪些启发？

- 俗话说："先做人后做事"，您是如何教育引导孩子的？

- 父母对您一生成长的重要影响有哪些？

- 客观评价自己是如何进行"言传身教"的？

学习笔记

3.2　优秀家庭教育　案例二

贾容韬，出生于河南洛宁县，原是该县服装鞋帽公司的经理，为了把儿女培养成才，忍痛关掉了生意红火的工厂去陪读，潜心研读了大量教育书籍，终于将一双儿女送上了重点大学，他自己，也成了闻名全国的教育专家。

3.2.1　贾容韬家庭教育原状

贾容韬有两个孩子，女儿贾蕾，儿子贾毅。为了儿女的学习，贾容韬投入了大量的金钱和时间，结果却令他很失望。一次考试贾蕾只考了 70 分，为此贾容韬伤心得躺在床上唉声叹气，对女儿说："你差 30 分才够 100 分，我至少要绝食三天。"女儿抱怨道："只认分数不认女儿，算什么父亲？"贾容韬又伤心又委屈，喊道："我为谁呀？不就是为你们吗？"他跳下床，抄起东西就摔，当然是抓酱油瓶子，拣不值钱的东西撒气。女儿成绩不好，儿子也不争气。一是上网玩游戏，二是与同学打架，并且屡教不改，差点被学校开除。

3.2.2　表哥的境况对他的触动

1999 年，贾容韬到郑州出差去看表哥时，发现往日温馨整洁的家，如今冷锅冷灶的，桌上积满了灰尘，墙角到处挂着蜘蛛网，表哥独自病恹恹地躺在床上，混浊的泪水无声地从蜡黄的脸上流下来，后悔说："龙龙以前是多好的孩子啊，后来我明明看到他讲究吃穿，不走正道，却因为工作忙没有管他。是我害了他呀，也毁了这个家！"原来，表哥的儿子龙龙寄宿在学校，离开了父母的管束，龙龙像脱缰的野马，交了一些不三不四的朋友，后来竟染上了毒瘾，导致因犯抢劫罪被判刑四年，表嫂也气疯了。

回家后，贾容韬想起表哥的泣血哭号，一整夜翻来覆去睡不着，心想如果自己也不管儿子，任由他继续打架、打游戏，不务正业，终有一天儿子贾毅会堕落成龙龙的样子，自己的家也会变成表哥家的样子……想着想着，他出了一身冷汗。任何成功都弥补不了教育孩子的失败！

3.2.3　要教育孩儿，自己需先受教育

贾容韬心想，求人不如求己，与其把孩子推给学校，推给别人，还不如把自己变成教育内行。为此，他毅然实施三戒——戒烟、戒酒、戒麻将，又订了几种杂志报纸，买来了一大堆名人传记和教育专著，将全部业余时间用来读书。过去，贾容韬和孩子聊天谈心，总是那句话"要努力学习啊"。

通过用心读书，贾容韬学习了一些教育知识，并慢慢地运用实践。当贾容韬第一次问儿子心情好不好时，贾毅大吃一惊："最近我没有和别人打架呀，也没有考试呀！"他小心翼翼地看着父亲说："有啥事？直说吧！"贾容韬被儿子噎得喘不过气，讪讪

地说："以前我不知道儿子不是猪，不对，我是说养儿子不是养猪，不能喂饱就万事大吉，还要关心儿子的喜怒哀乐。以后我要像歌词里写的那样，快乐着你的快乐，幸福着你的幸福。"贾毅沉默了一会儿，红着眼睛说："老爸，谢谢你明白儿子不是猪。比起衣食，我真的更需要精神上的关爱，盼望遇事可以和老爸商量，烦恼了可以向老爸诉说。"贾容韬眼眶也湿润了，这么多年来，儿子是第一次和他掏心掏肺地说话！

期末考试，贾蕾数学只考了 60 多分，回到家里，她先让母亲做了几个好菜，然后在饭桌上不停地给父亲夹菜说："爸，吃得饱饱的，把四天的饭都吃进去。"60 多分，按惯例，贾容韬会绝食四天。不料父亲始终微笑着，贾蕾越发脸白，暗想：这是暴风骤雨前的平静！贾容韬没生气，是因为刚读完教育家魏书生的书。魏老师说："考砸了，正是孩子最痛苦、最伤心的时候，做父母的再打骂一顿，再给压力，那不是往孩子伤口撒盐吗？有本事的父母应该帮孩子拿出提高成绩的具体措施和方法，没本事的至少要鼓励鼓励孩子。"

贾容韬收起数学试卷，很义气地对女儿说："胜败乃兵家常事。初中时你多辉煌啊，数学还考过满分呢。以你的聪明，只要用心，下次一定能考好。"贾蕾简直不敢相信自己的耳朵，用怀疑的目光看着父亲："你不绝食？"贾容韬一本正经地说："你考砸了，我为什么要挨饿？"贾蕾"哇"的一声哭了："爸爸，只要你相信我，我就有信心！"自信的孩子一定能成功。高考时，贾蕾数学考了 138 分，满分 150 分），顺利考上了重点大学——上海财经大学。

3.2.4　帮助孩子戒网瘾，关掉工厂做陪读

虽然这时候贾毅与父亲的关系亲如哥们儿，学习也比以往认真了很多，但网瘾一时还戒不了，后来居然被学校警告。贾容韬为此惊出一身冷汗。他考虑到贾毅住在学校，身边总有网友鼓动他去网吧，而贾毅的自控力又比较差，所以他决定关掉红红火火的工厂，和妻子一块儿去给儿子做陪读。妻子起初有点不情愿，但贾容韬态度坚决：赚钱的机会以后还有，儿子的教育可误不得。当贾毅看着父母背着一大堆行李来陪读时，马上沉下脸来："你们想当看守吗？"贾容韬诚恳地说："你马上就要考大学了，到那时，咱们父子天各一方，今后在一起的日子恐怕少之又少，咱们要珍惜父子情分，多做两年伴，再说了，我也想静下心来读点书。"贾容韬夫妇在学校旁边租了一处房子，妻子负责伙食，丈夫负责转移儿子对网络游戏的兴趣。为此，贾容韬在家里支起了乒乓球桌，经常和儿子切磋球艺。每天清晨，贾容韬陪儿子去跑步。三个月后，贾毅不但乒乓球技提高了不少，打球的兴趣越来越浓，而且在学校运动会上包揽了长短跑冠军，这给了他极大的自信。贾毅去网吧的次数渐渐少了。某天，很久没去网吧的贾毅在同学的鼓动下，又在网吧玩了一个通宵，第二天清晨才低着头走进家门。贾容韬不但没有批评他，还端上热饭热菜，说："贾毅，虽然你又去网吧了，但你的进步是惊人的，进网吧的次数已经大大减少了，这证明你是有毅力的人，离成功不远了！连网魔

这么强大的敌人你都能战胜，还有什么困难不能克服呢？"贾毅激动得大喊："老爸万岁！"贾容韬热泪盈眶。后来，贾毅不但戒掉了网瘾，还同他姐姐贾蕾一样，考上了重点大学。

思考

- 您认为自家的孩子都有哪些不良行为，试着分析其原因？
- 为了孩子，您都做了哪些努力和改变？
- 您是如何理解"没有教不好的孩子，只有不懂教育的家长"这句话的？
- 直面孩子不听话、打游戏、上网成瘾，您还有哪些方法和建议？

学习笔记

3.3　优秀家庭教育　案例三

　　林春，山东省日照市人，十七岁考入北大，二十二岁进入耶鲁大学深造。在此期间，由他设计创建的专业网站——无限中国网，通过为美国中小企业到中国投资提供优质服务，促进了中国中西部开发。作为耶鲁大学最年轻的博士研究生，其背后必然有一段不同常人的成长过程。林春的成功离不开他的母亲郑承艾老师的正确教育引导。

3.3.1　用爱唤醒孩子向上的动力

　　林春天生调皮顽劣，上幼儿园时就是"园霸"，谁都敢惹。起初老师跟郑承艾说时，她还不相信，直到有一天她路过幼儿园时，发现儿子正用一根柳条将其他小朋友驱赶得团团转，将他们威慑得一声不敢吭。由于林春总是欺负其他小朋友，迫于其他家长的压力，郑承艾不得不将他提前送进小学。进入小学后，林春依旧性格顽劣，成绩很差。有一次，林春从学校回来后，却对着全家人宣布，自己考试考了全班第三名。这出乎所有人的意料。郑承艾的大女儿立即回应道："难道奇迹出现了？"二女儿则反唇相讥："是倒数第三名吧？"看到儿子有些窘态，郑承艾立即打住了女儿们对他的不信任和嘲讽。

　　虽然有些不相信，郑承艾还是亲自下厨张罗出一桌好菜，以示庆祝。吃完饭后，她独自把林春叫进房间里，问他是不是撒谎了？他一听后立即号啕大哭起来："妈妈，我考的是倒数第三名，我不是有意撒谎，我太丢人了。"

　　郑承艾想，两个女儿的猜测果然是正确的。更让她难过的是，年幼的儿子居然学会了对她撒谎。但是她很快冷静下来，觉得儿子之所以撒谎，肯定是因为想掩盖内心的羞耻，他的内心是多么的脆弱！况且，儿子已经感觉到愧疚了，自己不能再添油加醋，不能让儿子掉进自卑的陷阱里爬不出来，自己必须将儿子拯救出来。

　　想到这里，郑承艾立即微笑着对儿子说："没关系，人都有失败的时候，我小时有一个同学，考试考了 0 分，老师气愤地在他试卷上画了一个大大的'鹅蛋'呢，旁边还写了一个'笨'字。"

　　林春被这个故事吸引住了，停止了哭泣，焦急地问："那他哭了吗？"

　　郑承艾说："没有。"

　　林春又问："那他是怎么做的？"

　　郑承艾说："很坦然呀！他举起试卷对老师说：'老师有蛋就好，蛋要变成小鸡就会跑，变成小鸟就会飞。'"

　　林春又问："老师怎么说？"

　　郑承艾回答说："老师说那你就变吧！"

　　林春接着问："那他后来怎么了，变了吗？"

郑承艾说："变成一只小鸟飞了。"

"飞到哪里去了？"

"飞到北京，考上北京大学了。"

林春说："太好了，我要变成一只鹰，要飞得更高。"

郑承艾趁热打铁道："你为什么考不好，就是太贪玩，把时间都浪费掉了。"

儿子赶紧说："妈妈，我知道了，一寸光阴一寸金，时间就是第一名，时间就是一百分！"

这完全是郑承艾即兴构思出来的一个故事，她想用一个善意的故事激励儿子，唤醒儿子心灵向上的动力。果然，在她的鼓励下，林春大有改观。

3.3.2 用科学的教育方法帮助孩子走出家庭优越感

林春小学毕业后，因为爸爸工作调动，全家搬到了济南。舒适的家庭生活让他飘飘然起来，成绩落到了十几名他也不在乎。郑承艾将此事告诉了丈夫，并决定在那年暑假带儿子重返沂蒙老区，让他体验生活。

正如凯洛夫在《教育学》中所说，天赋仅给予一些种子，而不是既成的知识和德行，这些种子需要发展，而发展是必须借助于教育和教养才能达到的。为此，郑承艾带儿子住在老区的一户村民家里。白天，她和儿子一起下田去给玉米授粉，头顶火辣辣的太阳，身上是大汗加尘土。晚上，他们睡在土炕上，忍受蚊虫叮咬。不到几天，林春的脖子上长满了痱子，但他没再说苦，望着那户人家八岁了还没好衣服穿、没学上的孩子，他眼里充满了同情。郑承艾趁机对儿子说："爸爸和妈妈小时候也是苦孩子，干什么都得靠自己去拼、去争取，从不靠别人。记住，靠自己，你才会成为生活的强者；靠别人，你一生都是懦夫！"林春听得流泪了，这对他触动很大。临走时，林春将自己所有的钱和衣服都留给了那个孩子。

林春升高中后，他始终保持朴素节俭的作风，有补丁的衣服他也穿，并以学习出色、谦虚善良赢得了口碑。班主任家访时连声说："林春优而不骄、贵而不傲，必成大器。"

3.3.3　郑承艾的育儿心得

如果每位父母都懂得对孩子进行非智力培养，激发起他们内心向上的动力，那么每个孩子都能成功。

只要你不想起来，没人能把你拉起来。

可是让孩子变得生机勃勃、斗志昂扬的动力是什么呢？在孩子心里并没有概念，这是需要家长帮他们一起寻找的珍宝。

你可曾体会种子的疼痛？那种挣开包裹自己的硬壳，顶出板结的土壤的苦难，对一粒柔弱的芽来说，可说是顶天立地的壮举。一个人觉醒时的力量，应该大于一颗种子啊！

所以，孩子贪玩、成绩差不是大问题，智商也不是关键，重要的是，他们需要你们——爸爸妈妈——把他们引上一条正确的路。成长不只是孩子一个人的事，陪伴他们成长也是一种成熟。

思考

- 您是如何理解"只要你不想起来，没人能把你拉起来！" 这句话的，怎样才能激活孩子的成长动力？

- 常听身边的朋友讲中国人"穷不过三代，富不过三代"， 您认为其中富不过三代的原因有哪些？您认为留给孩子什么东西最重要？

- "靠自己，你才会成为生活的强者；靠别人，你一生都是懦夫！"您认同郑承艾老师这句话吗？现实生活中，您是如何教育引导孩子的？

学习笔记

3.4　优秀家庭教育　案例四

陈老师是一位教师，一个可爱女孩的妈妈，对于家庭教育，她有独到的见解。

她认为家长一生中应完成的任务，总结起来不过区区两件：一是在社会中展现自我，获得事业的成功；二是教育好自己的后代，完成自我延续的重要部分。家庭教育是一门综合性很高的艺术，是一个异常复杂的过程，它不仅要求家长有远见卓识，还要求家长懂得怎样更好地与孩子沟通，调动孩子的积极性，让孩子在求知、交友、做人、自我修养等方面获得良好的教育，促使孩子把潜力完全发挥出来。

3.4.1　爱孩子，尊重孩子，做孩子的知心朋友

在生活中要尊重孩子，以平等的身份对待孩子，与孩子建立相互信任的关系，做孩子的知心朋友，只有这样才能赢得孩子的信任。有些父母的爱不能被孩子接受和认可，陈老师常常给予调皮的女儿亲切的拥抱、浅浅的微笑、循循善诱的开导及小小的礼物。这样会使孩子很自然地感受到父母给予她的爱，也增强了她对父母的信任感，家长都应该用爱心去培养孩子良好的行为习惯。

3.4.2　父母与孩子良好的沟通的前提是倾听

父母要放下高高在上的姿态，学会平等地与孩子交流，静下心来倾听孩子的诉说，哪怕你再忙再累，也要专心致志地倾听。当孩子说出自己对事情的看法时，陈老师也会尊重女儿的意见，与她商量，增强她的自信。她认为这对培养孩子的品格十分重要。倾听是一种艺术，也是一种学问。

3.4.3　鼓励孩子敢于迎接挑战

当今时代是一个竞争激烈的时代，所以家长要培养孩子的竞争意识，敢于迎接挑战的精神。学习上，陈老师常常会鼓励女儿，她一听就很高兴，充分调动了她的学习积极性。当女儿遇到困难时，陈老师会不断地给她打气，和她一起努力，用实际行动感染她，达到品德教育的目的。

3.4.4　教育孩子正确地面对挫折

在人的一生当中，遇到挫折在所难免，苦难是人生的一大财富，不幸和挫折可以使人沉沦，也可以铸造人的坚强意志，成就充实的人生；苦难是人生的一位良师，它能教给孩子学会用感激的心情，用积极的态度对待一切问题，勇敢地参与社会竞争。

3.4.5　培养孩子的适应能力

在实践活动中，针对发生变化的客观形势运用自己的智力等诸因素进行自我调控、自我改造、实现主观与客观相融，从而保证社会实践活动正常进行的能力。自古以来，它就是求得生存的基本能力，今天人类社会迅速变化和竞争激烈的时代，需要人们更强的适应能力，谁的适应能力强，谁就能生存下去，就能更好地发展下去，就能到达成功的彼岸。

3.4.6　学会宽容

宽容是一道美丽的风景，能够宽容别人缺点和错误的人是高尚的。宽容更是一种能力，宽容伤害自己的人不是一件容易的事，我们的心如同一个容器，当爱越来越多的时候，仇恨就会被挤出去，只有不断地用爱来充满内心，用关怀来滋润胸襟，才能让仇恨没有容身之处。宽容不仅需要广阔的胸襟，更需要很高的智慧。

孩子的教育和培养是一门很复杂的学问，只有家长、老师与学校共同合作，才能培养出更多更优秀的人才来。

思考

- 在教育引导孩子方面，您都采用了哪些方法？
- 现实生活中，您真的做到尊重孩子了吗？
- 您倾听过孩子内心的真实想法吗？
- 您是如何引导孩子适应社会的？

3.5　优秀家庭教育　案例五

俗话说："望子成龙，望女成凤。"让孩子健康快乐地成长，是每个父母的心愿，要实现这一心愿，关键在于教育。我的一位朋友，某培训机构负责人王川认为，要教育好一个孩子，光靠学校是远远不够的，家庭教育也同样重要。在教育自己孩子的过程中，每一位家长都有自己的理解，仁者见仁，智者见智。王川的教育理念就是以身作则，因材施教。

3.5.1　尊重、信任孩子，经常鼓励孩子，慎用批评方法

家长要尊重、信任孩子，了解他们，用心换心，用信任赢得信任。要通过细心的观察，倾心的交谈，悉心的照顾，耐心的帮助，多了解他们成长的烦恼，心灵的需求，不要拿自己孩子的缺点和别人孩子的优点相比。每当遇到困难，多鼓励安慰，帮孩子找回自信。以恰当的方式批评孩子所犯的错误。

3.5.2　以身作则，以感动换感恩

现在的孩子是家里的"小太阳"，家长爱着、宠着，有时用软的不行，用硬的也不奏效，不好管理。所以要求孩子做到的事情，家长尽量地也要做到，例如：要求孩子不要经常打游戏，家

长也要做到不玩游戏，努力去做孩子的榜样。孩子是有思想、有
血有肉的，家长为孩子所付出的一切，他们都会看在眼里，记在
心上。家长的言传身教和无微不至的关怀会感动孩子，会教育他
们无论何时，对家庭、对老师、对社会都要怀有一颗感恩的心，
带着一颗诚实、善良、感恩的心去努力创造美好的新生活。

3.5.3　培养兴趣，树立自信心

兴趣是孩子最好的老师，无论做任何事情，只要有了兴趣才
会有动力去做好它。王川的女儿喜欢钢琴，在征得女儿同意后，
他帮女儿买了一架钢琴，每周都到钢琴老师家学习，风雨无阻。
每天在家里无论作业做得多晚，女儿总要弹上几首，每当她熟练
地弹着钢琴时，自信溢于言表，带着兴趣学习和被动地学习，效
果明显不同。

3.5.4　创造良好的学习环境

现在孩子的学习压力大，家长应该尽可能地给他们创造良好
的学习环境，让他们在舒适的环境里心无旁骛地学习，在孩子学
习期间尽可能地不去干扰他们，在旁边静静地看看书报，做做家
务，随时回答孩子关于学习方面的提问，给孩子创造一个良好的
学习氛围，让他们快乐地学习。

3.5.5　打好基础，培养良好的学习习惯

我们经常听到有人这样说："小学、初中差不多就行，高中

好好学。"王川认为这样的想法是不正确的，小学和初中是打基础的关键时期，是培养良好学习习惯的重要阶段，一旦基础打不好，上高中后很难改变局面。所以在这个阶段，他每天叮嘱孩子上课一定要认真听课，不懂的一定要弄懂。英语是一定要多读、多背、多听；数学一定要掌握基础，不能混淆概念，答题时看清题意，小心谨慎；语文不仅要掌握课本上的知识，还要了解和课文相关的，书本上没有的其他知识，要引申出去。从细微之处做起，养成良好的学习习惯，培养学习的自觉性。

3.5.6　认真总结，制订计划

每一次考试，找出每一个阶段的弱点与不足。每次成绩出来后，家长都要和孩子一起总结分析每一科目存在的问题，帮助孩子制订下一步计划。

思考

- 您认为这位家长教育孩子的方法实用吗？哪些方法值得您学习借鉴？
- 您家的孩子都有哪些兴趣爱好，您是如何培养的？
- 您家孩子的基础扎实吗？如何帮他提升学习能力？
- 您认为自家的孩子自信吗？如何帮他提高自信力？

学习笔记

第 **4** 章

关于现代家庭教育的实战经验

4.1　孩子就是家庭的一面镜子

孩子降临这个世界时就是一张白纸，对这个世界的认知能力要通过学习才能获得。孩子最初是处在惊奇和陌生的状态之中的，他会先观察周围人的一举一动，然后再去模仿他们的言行举止。

模仿是孩子的天性，父母是孩子的第一任老师，对孩子的影响深远而长久。父母有什么样的语言和行为，都会在孩子身上像照镜子一样真实反映出来。因此，可以说孩子是父母的影子。

榜样的力量是无穷的。对青少年来说这一点更重要。孩子的年龄越小，榜样的感染力就越大。孩子出生后，首先接触的就是父母和其他家庭成员，最初形成的行为习惯也几乎都是从模仿父母得来的。不仅在言语行为方面，就是情绪、性格、脾气秉性等方面也会受到父母很大的影响。

我们常常发现，孩子身上的种种情绪问题和行为问题都有家庭和父母的烙印。如果孩子每天面对的是爱唠叨、爱发火、焦虑、紧张的父母，其情绪肯定是很糟糕的。这是因为父母和其他长辈的情绪行为构成了这个家庭的心理环境，而这种心理环境所形成的家庭氛围对孩子有着潜移默化的影响。

孔子说："其身正，不令而行；其身不正，虽令不从。"要想让孩子听话，父母就要处处以身作则，使自己的一言一行成为子女的表率和效仿的典范。

父母的一言一行，无不潜移默化地影响着孩子的成长。因此，父母日常生活中的言传身教，是家庭教育的重要教育方式。那么，父母对孩子如何言传身教呢?

4.1.1　父母要有进取心，不断加强自身修养

父母教育孩子更多是以自己的人格力量去影响孩子。在社会飞速发展的今天，孩子面临着激烈的竞争，父母也一样，身处竞争激烈的环境，如果没有进取心，就会处于发展停滞状态，甚至直接被淘汰，这给父母带来了极大的压力。但是，有智慧的父母会变压力为动力，保持不断进取的心态，自觉学习与工作有关的最新知识，关注社会发展的最新动态，不断加强自身修养，争取在工作岗位上取得突出成绩。父母通过自己的努力不断取得成绩，是对孩子最好的精神奖励和最佳的行为示范。孩子会受父母的熏陶，保持积极进取的精神状态，这是孩子成长的最大动力。

4.1.2　家庭环境要和睦，教育思路要基本一致

首先，要处理好夫妻关系，这样才能创建良好的家庭氛围，让孩子生活在温馨稳定的家庭环境中，从而心情舒畅，有利于学习。在良好的家庭氛围中，孩子能体会到父母及其他家庭成员之间互相尊重、互相支持、互相理解的情感。这不仅对孩子养成爱护、尊重他人和乐于助人的良好行为具有潜移默化的作用，还有

利于培养孩子建立良好人际关系的能力。此外，父母还应保持教育理念基本一致，避免双方教育方式和方法产生激烈冲突。如果父母双方的教育理念、教育态度差别太大，就会让孩子无所适从，很容易养成"当面一套、背后一套"的作风，不利于孩子良好品行的培养形成。

4.1.3　父母对孩子提出的要求，自己要先做到

父母是孩子最直接的模仿对象，要求孩子做到的，自己首先就应该做到，要言行一致，处处严格要求自己才有威信，才能掌握教育的主动权，教育效果才能达到预期目标。否则，越是对孩子提出要求，孩子会越反感和叛逆，他们会想：你们都这样，凭什么强迫我要那样？

一位朋友曾当作笑料讲述了他和儿子的一段对话。这位朋友说："儿子，你这几天总是玩游戏机，就不能控制一下自己，把精力用到学习上吗？"儿子回答："你还说我呢，我爷爷经常告诉你不要在外边玩麻将，你怎么还总是整宿地玩呢？"一下子弄得我这位朋友语塞舌结。

可见，孩子们常常把自己的行为与父母相对照，甚至父母行为中的某些失当之处，也往往会成为一些孩子开脱自己错误的"口实"。孩子既可以从父母身上学到优点，又可以学到缺点。

有人说：子女是父母的折光镜。在孩子身上可以折射出父母为人处世的哲学和做人的准则。的确如此，一个自私的家长很难教育出一个无私的孩子，心胸狭隘的父母也很难培养出一个宽宏

大度的子女。父母对子女的示范效应体现在日常生活中的时时处处、点点滴滴。

托尔斯泰有句名言："全部教育，或者说千分之九百九十九的教育都归结到榜样上，归结到父母自己生活的端正和完善上。"这便是育人先育己，每位家长都应牢牢记住这一点。

父母要让孩子幸福，你们就必须处在幸福的状态；让孩子自信，你们就必须自信。在具体生活中父母要时刻严格要求自己，事事为孩子做一个优秀的表率。如果父母能够始终如一地严格要求自己，就会给孩子带来耳濡目染、潜移默化的影响，从而教育出一个优秀出色的好孩子，并得到孩子发自内心的尊敬和爱戴。

在很久以前，有三对年轻人，他们在同一天结婚，也在同一天向神祈祷："万能的神呀，请赐给我们一个孩子，不管是男孩还是女孩。请赐给他聪明、勇敢、爱心和健康。"第二年，正如这三对夫妇所求的，每一个家庭都生下了一个小宝宝。他们从此开始了快乐、麻烦、忙碌的生活。

二十年后，这三对夫妇又来到了教堂，向万能的神祈祷。

第一对说："神啊，你为什么这样惩罚我们，我们的孩子现在完全成了一个暴戾的人。"

第二对说："神啊，求你救救我们的孩子吧，他自私、贪婪，又一无所长，我们不知道他以后靠什么生活。"

最后一对夫妇说："万能的神啊，感谢你给我们送来了一个好孩子，他热情、聪明，又有爱心，他简直成了我们快乐的源泉……"

　　这时候，教堂的穹顶上突然被一道光照亮，一个声音从这光中传出："我的子民啊，二十年前，我应你们的要求，把三个可爱的孩子交给你们，他们都一样聪明可爱，这是在他们出生时你们都看到的。那个时候以及以后的几年，谁不是沉浸在孩子降生的喜悦中呢，谁不心怀感激地夸奖自己的孩子呢？只不过每个孩子的特点不同罢了，他们每个人的潜能都足以使他们成为社会的骄傲。但是后来呢，你们之中的人，有的悉心去培养，像照料一粒麦种；有的却渐渐失去了耐心，不再去寻求教育孩子的方法，反而粗暴、简单地对待孩子，以致孩子越来越愚钝，甚至走向歧途。我的子民啊，难道你们还不明白吗？

　　"我要特别强调的是，在你们中间，那些悉心照料和培养孩子的，并不全是富有的、有权势的，有的甚至屡遭厄运，但他们的信心和耐心使他们得到了应有的回报。有的尽管富有，但却早早地在教育上抛弃了自己的孩子……"

　　教堂里的三对夫妇，此时早已泪流满面。他们无不在心里重新审视自己和自己的孩子……

　　孩子的成长过程，其实也是家长重新审视自己、改变自己、提升自己的过程。家长要经常照照"孩子"这个家庭的镜子，认真反思，以身作则，为孩子的健康成长，家庭的和谐美满做好榜样。

思 考

- 您给自己的父母洗过脚吗？您认同"孩子就是家庭的一面镜子"这个观点吗？

- 比较您与孩子的优缺点，试着分析相互之间的因果关系，您有哪些感悟？

- 孔子说过："其身正，不令而行；其身不正，虽令不从。"谈谈您的体会？

- 您是如何孝顺父母的，对孩子有哪些影响？

4.2　孩子的身心健康永远是第一位的

人体是一个整体，身心功能紧密相关，互为因果，这是现代全面健康概念的出发点。躯体健康是心理健康的基础和前提，心理健康是躯体健康的保证和动力。一个孩子只有处于全面健康状态，才能维持身心平衡的协调稳定，消除各种精神压力，更好地适应现代社会生活，对社会做出积极贡献。所以说，健康是孩子成长和发展的重要基础。

4.2.1　关于孩子的身体健康教育

养成良好的生活习惯

《黄帝内经》载："上古之人，其知道者，法于阴阳，和于术数，食饮有节，起居有常，不妄劳作，故能形与神俱，而尽终其天年，度百岁乃去。"这里特别强调了饮食有节，起居有常，要求人们养成良好的生活习惯。良好生活习惯会使人终身受益，其中对健康的价值更是不可低估！而现在我们很多家长是"夜猫子"，孩子也模仿学习，晚上睡不着，早上起不来，这对孩子的发育和健康成长非常不利。

有合理的饮食结构

孩子在不同的发育阶段对营养的需求是不一样的。现在人们的物质条件好了，生活富裕了，我们不用再考虑吃不饱的问题，但我们也不能忽视营养的合理搭配，以及膳食不合理对孩子带来的又一大健康问题——肥胖症。

一般来说，合理的饮食应该是每餐八分饱，主、副食各占一半，主食宜粗细粮搭配；副食以 1 ∶ 1 ∶ 3 的比例为宜，即动物蛋白（鸡、鸭、鱼、肉等）1 份，植物蛋白（黄豆及各种豆制品）1 份，蔬菜、水果 3 份。在身体发育的不同时期，保证糖、脂肪、蛋白质、矿物质、维生素和纤维素等基本营养的合理供给是十分重要的。

养成运动锻炼的习惯

科学研究证明，通过体育活动可以促使头脑清醒，思维敏捷。因为体育运动能够使大脑获得积极性休息，改善大脑的供血状况，使大脑保持正常的工作能力。体育运动能够促进血液循环，提高心脏功能，特别是在运动时，冠状动脉的血流量要比安静时高 10 倍。运动还能改善呼吸系统的功能，由于肌肉活动时需氧量增加，呼吸加速、加深，这就促进了肺及其周围肌肉、韧带的发展和功能的提高。运动还可以使骨骼、肌肉结实有力。

4.2.2　关于孩子的心理健康教育

家长是孩子人生的第一任老师，家庭教育是教育的起点和基础。日渐复杂的社会环境考验着每个社会人的心理素质，尤其是未成年人，需要极强的心理素质。每一个孩子都是家长的宝贝，他们从小在家长的呵护下成长。家长宁愿苦了自己，也不愿委屈孩子，使孩子缺乏心理锻炼和意志磨炼，他们的心理承受能力、心理素质逐渐减弱，需要家长多加关注。家长因其所处的独特位置，对孩子开展心理健康教育是有优越性的。心理健康教育应被当作家庭教育的重要内容之一，而且也将成为家长面临的重要任务。关于孩子的心理健康，我认为至少要做到以下三点：

第一，家长要转变观念

以往家长只看重孩子的智力水平，忽略了其心理健康水平和个性发展水平。在提倡素质教育的今天，必须改变这种陈旧观念。我们在现实生活中不难看到这样的现象：有一些孩子表面看来好像很听话，学习成绩也不错，但情感淡薄、意志薄弱、性格脆弱，在德智体等方面发展潜力却极为有限。某大学生要钱买房不成便持刀伤害父母的事件足以让我们警醒。毋庸置疑，一个心理不健康的孩子是谈不上有良好道德的。教育实践的大量事实证明，有理想、有志气、进取、勤奋、刻苦、有毅力、虚心等优良的个性品质，对促进孩子的学习、发展和成才具有重要的作用。我国著名教育家陈鹤琴先生曾明确指出："活教育要讲做人，应当努力来学习如何做人，如何求得社会的进步、人类的发展。"为人父母者必须把心理健康作为孩子的培养目标和内容加以充分重视。家庭教育应当由片面注重书本知识向注重如何教孩子正确做人的方向上转变。作为启蒙教师的家长要为孩子创造良好的家庭氛围，以自身开朗、豁达的个性，诚信、民主、平等的作风去影响孩子，在教育上做到爱而不宠，严而有度。

第二，家长要真正了解孩子

家长必须了解孩子的个性、理想、情感、兴趣和能力等个体素质。一般儿童好活动、好模仿、好奇、好问，还具有喜欢成功、喜欢称赞、渴望得到同情和理解的心理等。青少年正处在生理、心理快速发展时期，内心常常充满各种矛盾。他们与外界也常常发生各种冲突，处于不稳定状态，往往容易产生各种心理行为问题。这是家庭教育中要特别引起重视的问题。问题儿童都是心理不健全的结果。显然，他们的问题不是突如其来的，常有一个较长的潜伏期，也总会有一些表现，如过分自卑或孤僻、经常与父母及同伴发生争执等。家长在转变观念的前提下，应经常地、主动地、心平气和地和孩子交谈，从孩子言谈的态度、谈话所涉及的内容以及所关注的事件等加以分析判断，及时了解孩子的心理状态。如果在初期予以注意，防微杜渐，就可以使这些儿童获得重新适应生活环境、发展良好品德和性格的新的有利因素。

第三，家长要信任自己的孩子

在一个家庭中，父母同子女的关系，既是长辈和晚辈的关系，又是朋友关系。子女对父母应当尊敬、体谅、爱惜；父母对子女更应当尊重、信任、爱护、帮助。在日常生活中，家长和子女意见不统一或产生矛盾时，应在平等、信任的基础上，采用民主协商的方法解决问题。当孩子遇到挫折，家长应和孩子一起分析原因，并循循善诱，耐心启发，动之以情，晓之以理。平时，尊重孩子的人格，信任、关心孩子，尽可能满足孩子的正当愿望和要求，使孩子真正感到家长可亲、可爱、可以信赖。这样孩子才愿意把自己的心里话、心里的秘密讲给家长听，付出最大的信任。同时，家长要充分相信孩子的潜能，他们或许有意想不到的为人处世等方面的能力。因此，孩子的事，无论在生活上、学习上，做父母的切忌越俎代庖，而应给予他们更多的启发性的帮助。

总而言之，家庭教育作为教育的一个重要组成部分，对孩子的影响是深远的。每个家长都希望自己的孩子能出人头地，成龙成凤，那么就让我们从现在开始关注孩子的身心健康，让孩子能拥有一个良好的身体和心理状态迎接属于他们的机遇和挑战。

思 考

- 您是如何看待孩子身心健康问题的？
- 培养孩子良好的生活习惯，您还有什么好的办法？
- 关于孩子的心理健康问题，您都做了哪些工作？
- 您通过哪种方式了解自己的孩子？他会主动跟您聊天吗？

学习笔记

4.3　家长要注意孩子生存能力的培养

当前青少年的生存能力普遍偏弱，令人担忧。孩子生存能力普遍偏弱的社会现象，突出表现在社会生活中的各个方面。关注和培养孩子的生存能力是家庭教育不容忽视的内容。如果不想让自己的孩子将来被社会所弃，家长的首要任务就是培养孩子的独立生存能力。

法国思想家卢梭说："人们只想到怎样保护他们的孩子，这是不够的。应该教他成人后怎样保护自己，教他经受得住命运的打击，教他不要把豪华和贫困放在眼里，教他必要时在冰岛雪地里或者马耳他岛灼热的岩石上也能生存。"

人的能力很多，许多家长对孩子的语言表达能力、阅读能力等智力能力的发展非常重视，却忽视了人的基本能力——生存能力的培养，可这些被"不小心"忽略的能力，却是孩子一生成长中最重要的能力。

那么，家长应如何培养孩子的独立生存能力呢?

4.3.1　家长的教育观念要转变

有些家长认为，"孩子只要把学习搞好，其他都不用管""自己辛苦的目的就是不让孩子再受苦"……实践证明，这些都是错误的教育观念，与现代家庭教育理念是相悖的。我认为培养孩子的独立生存能力，是一个合格家长的必修课，是现代家庭教育的最基本目标。一个真正疼爱孩子的父母不仅会在适宜的年龄阶段教会孩子独立生存的各项技能，包括日常生活技能、养家糊口的技能、与人相处的技能等；而且还要培养孩子独立思考、独立生存和发展的能力，包括如何认识自己、如何适应社会、如何实现自己的价值等。

4.3.2　家长要给孩子成长锻炼的机会

要让孩子具有独立生存的能力，就要给孩子独立自主的机会，让孩子独立完成自己分内的事情，哪怕并没有积极的结果。因为关在笼中的鸟儿，时间长了，翅膀会退化，即使以后有宽松的环境，也不能再展翅高飞了。

美国人认为，只有让孩子撞破头的时候，他才会真实地感觉墙是硬的，否则，他永远摸不透墙的脾气。当然，在他撞墙之前，父母的职责是一定要提醒他墙是硬的，否则就是失职！

孩子能够独立完成的事情就不要担心一时的成功与失败。事实上，只要孩子努力去做一件事就已是成功的开始。家长要留给孩子自由发展的空间。人生需要自己去开拓，所以父母不妨早点放手，让孩子在成长过程中不断锻炼自己，把握未来，早点形成独立生存的能力，这对孩子的未来受益无穷！

4.3.3　家长不能溺爱和包办孩子的事情

溺爱的类型很多，其中最常见的一种就是轻易满足，具体表现就是孩子要什么家长给什么。例如，有的父母给幼儿和小学生很多零花钱，孩子的满足就更轻易了。这种孩子就很容易养成不珍惜物品、讲究物质享受、浪费金钱和不体贴他人等不好的性格，并且毫无忍耐和吃苦精神。

这些孩子长大后，不懂父母的心思，不理解父母为他们所做的一切，目中无人，认为自己是家里的独苗，恃宠而骄。将来步入社会的时候，他们很可能在四处碰壁后一蹶不振，处处都觉得很难，压力很大。

在孩子成长的每一个阶段和时期，都有孩子应该自己做的事情。比如说，学习是孩子自己的事情，家长就不必日夜陪读，应重点培养孩子掌握学习方法和技巧。孩子在学校和生活中会遇到很多新的问题，家长应引导、鼓励孩子，尽量让孩子自己思考，想办法解决所遇到的困难和问题。

父母的包办不仅会让孩子丧失自信和勇气，也会使孩子感到不安全，安全感只能建立在用自己的能力应付处理问题的基础上。而喜欢包办的父母把孩子当成自己的私有财产，剥夺孩子发展自己能力的机会，而这恰恰是孩子成长最需要的。

将一个在父母精心呵护下，毫无社会生活经验和自我生存能力的人推入社会是非常残忍的事，也是家长最不愿意看到的结局。

4.3.4　家长要引导孩子直面社会

　　家长的确是走过的桥比孩子走的路都多，社会经验丰富。但是，孩子生活在当代，当代有当代的生存方式。尽管当代有许多社会弊端和不良社会现象，如果家长对这些社会现实都不敢面对，都难以承受，又怎样去教育孩子面对和承受呢？家长应当教育和引导孩子适应当代的生存环境，规避生存风险。要正视现实社会的复杂性、多变性，把那些为人处事的经验和生存的方法传授给孩子，让孩子既对现实有一个比较客观的认知，又有面对现实的生存能力。

4.3.5　家长要做孩子坚强的思想后盾

　　遇到事与愿违的情况、遇到突发的变故时，应教育孩子有正视变化、承认变化和应对变化的心理准备，让孩子尝尝失败和挫折的滋味，要培养孩子的胆量和勇气。家长要做好榜样，多用绿灯思维、正能量引导孩子，做孩子思想上的坚强后盾。

　　给孩子一把开门的钥匙，远比你替孩子辛辛苦苦地打开门有意思得多。培养教育孩子增强生存意识和提高生存能力是家长的一种责任。全面关心孩子的成长，要智慧地引导，绝不能无原则的溺爱。

思考

- 您是如何培养孩子独立生存能力的？

- 在教育孩子的过程中，整个家庭是否存在包办、溺爱孩子的情况？

- 如何教育引导孩子直面社会？您还有哪些好的建议？

- "给孩子一把开门的钥匙，远比你替孩子辛辛苦苦地打开门有意思得多。"谈谈您的理解和感想？

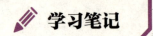

学习笔记

4.4 家长要充分信任孩子

在心理学中，信任是一种稳定的信念，维系着社会共享价值和稳定，是个体对他人话语、承诺和声明可信赖的整体期望。家庭教育中，信任孩子是父母给予孩子的一种尊重，通常一个眼神、一个微笑都是对孩子最大的肯定。

有些父母经常挖苦、讽刺孩子，言语中尽是对孩子的不信任。如"就你这样的，还能有什么出息，一道这么简单的算术题都不会""逞什么能啊，你会做这个吗""小孩子懂什么啊，一边玩去，管大人那么多事干吗"……

很多父母总是以自己的直觉为依据来否定孩子的能力，可是你又怎么知道孩子就真的不行呢？孩子的信心是以家长的信任为基础的，很多时候，家长对孩子的信任就是一种充分的鼓励；如果家长老是打击孩子，对孩子抱有不信任的态度，孩子就很容易失去信心。

使人发挥最大能力的办法是赞扬与鼓励。对孩子信任，做孩子的朋友，能够激发孩子内心的动力，让孩子体会到成功的和失败的不同感受。这样他们才能够自己从摔倒的地方爬起来，一步一个脚印地走向成功，实现他们心中的理想。

有人说，信任是人与人之间的一种道德关系。如果你信任孩子，孩子会产生强烈的自信心和责任感，这种又促使孩子保持健康的心态面对学习和生活，充分发挥潜能，克服重重阻力，实现目标。

父母应该从培育孩子的自信心开始，时刻肯定地看向孩子，成为孩子最为坚实的后盾。那么，父母怎样才能做到信任孩子，做孩子的好朋友呢？

4.4.1　把握好对孩子的宽严尺度

如果你想要做孩子的朋友，那么既要对孩子严格要求，给孩子生活上适当的引导和指引，又要把孩子作为平等的伙伴，与孩子一起学习一起玩，尊重孩子的一切；还要给孩子确实到位的帮助，让孩子心里踏实，心理安全，健康长大。

4.4.2　鼓励孩子不断尝试和挑战自己

有的孩子本来就是自信十足的，而且他们总会去尝试做各种各样他们感到好奇的事情。只要是有益的，父母都应该给予支持。孩子缺乏经验和技术，有时失败了，或者中途发生什么失误，都是在所难免的，应该帮助他们找原因，使他们树立起自信心才是最好的保护。

4.4.3　用正确的态度和方法对待孩子所犯的错误

当孩子犯了错误时，家长不要用激烈的言辞刺激孩子，帮助孩子找出问题的原因才是真正的帮助。人难免会犯错，犯了错改正就好，父母应该给予孩子充分的理解和信任，这样才能积极地引导他们正确看待错误。

4.4.4　用实际行动表达对孩子的信任

切忌不要只是在嘴上对孩子抱有一定的信心，在行动上最好也能够表达出来，尤其是那些本身就有点自卑的孩子，更是要给他们一定的指导。因为任何孩子都希望自己是最棒的，父母的鼓励和真挚的眼神，不但可以减轻孩子因为受挫后遭遇的悲伤，也能够缓解孩子不好的心情。这样又何乐而不为呢？

在家庭教育中，父母的信任可使子女感到他们与父母处于平等的地位，从而对父母更加尊重、敬爱，更加亲近、服从，心里话乐于向父母倾吐。这既增进了父母对子女内心世界的了解，又使父母教育子女更能有的放矢，获得更好的效果。

反之，若父母对孩子持不信任或不够信任的态度，就无法了解孩子的愿望和要求，孩子的自尊心和自信心必然会因此而受到伤害，对父母的信赖也势必减弱。这样，家庭教育的效果也会相应减弱。

心理学家认为，追求信任，是一种积极的心态，是每个正常人的普遍心理，也是一个人奋发进取、积极向上、实现自我价值的内驱力。信任的心理机制对孩子良好心理品质的形成具有积极的鼓励作用。

家庭教育是在父母和子女的共同生活中，通过双方的语言交流和情感交流来进行的。父母与子女的相互信任是成功家教的重要因素。一些教育专家在家庭调查中发现，子女对父母有特殊的信任，他们往往把父母看成是自己学习上的启蒙老师，德行上的榜样，生活上的参谋，感情上的挚友。他们也特别希望能得到父母的信任，像朋友一样和父母平等的交流。他们认为，只有父母的信任，才是真实、可靠的。父母的信任意味着压力、重视和鼓励，这是真正触动他们心灵的动力。从教育效果看，信任是一种富有鼓舞作用的教育方式。

在教育史上，有一个著名的"暗含期待效应"实验，其实质就是信任孩子。对孩子信任，能够激发孩子的内心动力，让孩子体会到成功的快乐。他会在父母充满信任和友谊的目光中，变得听话起来，变得更加自信起来，从而能以更加昂扬的姿态面对自己的人生。

思 考

- 信任孩子，还有哪些原则和可行的方法？
- 想一想，父母的信任对您一生的影响？
- 您信任自己的孩子吗？
- 您知道"暗含期待效应"实验吗？它的心理学原理是什么？

4.5　家长要懂得适时放手

在现实生活中，许多父母为了让孩子专心学习，其他什么事情都不让孩子去做，早晨起床帮孩子叠被，上学前帮孩子准备学习用具……

要知道，孩子并不是生来就这样依赖父母的，他们的依赖性一般来说都和父母的包办代替有关。父母包办、代替得越多，孩子的依赖性就越强。反之，如果父母不插手孩子可以做的事，没有了依靠，孩子就会自己动手开始做了。

著名的教育家陈鹤琴先生说："凡是孩子自己能做的，应该让他自己做；凡是孩子自己能够想的，应该让他自己想。"其实，父母只要肯放开手，就会惊喜地发现孩子的潜力是无穷的，他能做许多在父母看起来不可能做到的事情。

随着孩子的慢慢长大，孩子有了自主意识，就不再愿意什么事情听父母的，有了自己做决定的需求。如果孩子的这种需求长时间得不到满足，他的自主意识就会被抑制，自信心会受到打击，进而影响孩子对自己的评价，很可能导致孩子产生消极的自我评价，还会使孩子缺乏判断力和选择的能力，缺乏责任感，凡事依赖他人，缺乏主见。

要想让孩子具有自主性，要想孩子减少不听话的行为，父母应该适当放手，让孩子自己去做事情。那么父母该如何放手，提几点建议：

4.5.1　家长的意识要变

家长不懂得适时放手，孩子就永远长不大。家长不能再"自以为是"地教育孩子、"溺爱"孩子了；而是要给孩子一定的自由，遵循平等、民主的观念，解放孩子的大脑、嘴和手，让孩子行使自己的权利，让孩子敢想、敢说、敢做，而不是一味地顺从父母。

4.5.2　给孩子空间，让他自己往前走

做父母的，应根据孩子自身的特点和能力，不断扩大孩子自由活动的空间，鼓励孩子结交新朋友，认识新事物，探索自然、人类和社会。

4.5.3　给孩子权利，让他自己去选择

孩子的自主性在他的自主选择上表现得尤为明显。但不少父母怕孩子选择错误，从来就不给孩子选择的权利。这样的孩子长大后，就不能适应竞争激烈的社会生活。父母应主动给孩子选择的权利，在选择前父母可以讲明白各种选择的优缺点、责任和后果等，让孩子自己思考、选择、执行，并承担相应的责任和后果。

4.5.4　孩子遇到困难，让他自己去战胜

俗话说："穷人家的孩子早当家。"生活在穷困家庭的孩子，恶劣的生活环境自然就为他准备了艰苦锻炼的条件。现在生活水平普遍提高了，孩子遇到的困难相对较少，孩子在生活中碰到了困难，家长应尽量让孩子自己去解决，家长可以随时关注并提供一些指导。有条件的父母也可以想办法给孩子设置一些困难，让孩子去解决，从而培养孩子应对未来的意志和能力。

4.5.5　孩子遇到冲突，让他自己去解决

和成年人一样，孩子在一起时难免有冲突。解决冲突的过程，正是孩子走向成熟的过程。当孩子向父母诉说自己遇到的诸如人际交往之间的矛盾时，父母应鼓励孩子去面对，指导孩子自己去解决，而不是回避它，更不宜由父母代替孩子解决问题。

4.5.6　给孩子创造条件，让他自己去锻炼

用揠苗助长这种违反客观规律的做法培养孩子，肯定是不科学不可取的，但完全顺其自然也不利于孩子的健康成长。父母应该采取的正确做法是，遵循孩子成长的客观规律，创造适合孩子成长的条件，让孩子自己去锻炼成长。

总之，父母应该把孩子当作一个独立的个体，而不是把孩子当作自己的附属品，以爱的名义为孩子设计人生、包办一切。学会放手吧，给孩子一片信任和自由的天空，让孩子尽情发挥！

　　一个经常为自己的人生做决定的孩子，他的生命力是汪洋恣肆的，尽管因为年轻，他会遇到一些挫折，但那些挫折最终会和成就一起，让他感觉到自己的生命是多么的丰富多彩！

　　注意：放手不等于放任，更不等于忽视。

 思考　

- 您知道"巨婴"吗？

- 您认为家长什么时候放手比较合适？

- 您的家庭是否存在剥夺孩子成长机会的事情？

- 当孩子遇到困难和冲突时，您是如何教育引导的？

- 您有创造条件，让孩子自己锻炼的典型事例吗？

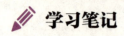
学习笔记

4.6　家长要科学制定规矩

　　俗话说："没有规矩，不成方圆""国有国法，家有家规"。在我们小的时候，父母给我们定了不少规矩，有没有规矩意识、懂不懂规矩也是家庭教养的一个反映。现在我们也应传承这种好的教育方法。

　　一般说来，家庭都有治家规范，有的是明确规定代代相传的，也有的是相互理解自然遵循的。建立家规，首先要树立"角色"意识，明确"角色"任务。父母要让孩子从小就懂得家里有一些规矩人人要做到，有些事大人可以做，孩子不允许做。

　　例如：家里来了客人要打招呼；作息要规律；家里公用的东西有固定位置，用后最好归放原位；离家外出没回家时和家里人打招呼；带同学回家或邀请客人事前应征求家里人的意见；一家人看电视各有自己的爱好，应协调安排，某些节目成人可以看，孩子不宜，就要严格限制……

　　那么，家长应该怎样科学制定规矩呢？

4.6.1　让孩子理解家规的目的和意义

　　父母可以直接告诉孩子，家庭规矩都有哪些内容，就此机会应该对孩子进行家庭传统史的教育。如，有的家庭生活不富裕，也可能因为各种原因生活上出现了暂时困难，让孩子了解家庭背景，理解父母的诚实、劳动，这样做能使孩子树立起家庭的自豪感，进而做到自强、自立，让孩子继承传统，奋发向上，热爱父母，热爱家乡。同时，也可以渗透家规教育，经过长期、有目的的教育，孩子会在不知不觉中形成一种定式，变有意识的教育为孩子的自觉行动。

4.6.2　让孩子感受到定家规缘于父母的爱

大多数成年人的心理问题都产生于童年时期。如果一个人在童年时没有形成健全的人格，将给其未来造成许多障碍。所以，家长应该给孩子定家规，让他从小就明了是非曲直，以免误入歧途。但在定家规的时候，应该让他感受到这是缘于父母的爱心，要让孩子有安全感，切忌让孩子产生抵触心理，觉得父母不爱他了。在坚持原则的基础上多给孩子以爱抚，在他情绪不好或者哭闹反抗时，父母千万别为了自己的"威严"而忽视孩子的心理感受。

4.6.3　父母以身作则守家规

父母必须让孩子明白，自由并不是无限的，他必须接受并遵守一些规矩。但是，对孩子进行合理的限制并不意味着他会失去自由，执行好了，会使父母更好地把握教育的尺度。大部分家规都不仅仅是立给孩子的，父母也要严格遵守，以身作则。比如，要让孩子规律进食，父母自己就要在饭桌上举止规范，不挑食、不浪费。要让孩子懂礼貌，父母自己就要对所有的人使用文明用语。尽量帮助孩子认识到为什么要遵守这些规则，使他真正理解原则的意义。

4.6.4　家规制定尽量简单

父母在制定家规时应尽量简单，三条左右比较合适，家规表述尽量用正面语言；在决定给孩子奖励或惩罚时，尽量与他要遵守的规矩结合起来，让孩子把规矩记在心上。比如，你为孩子制定了"每天的零花钱不能超过两块"和"今日事今日毕"的规则，如果孩子没有遵守，你可以对他说："如果今天的任务没有完成，那么明天你一块钱也不能花。"

4.6.5　家规教育应该长期坚持

父母对孩子进行家规教育，不能凭着自己的主观意志办事，今天想起来了就教育孩子，明天因为事务繁忙就不教育了，也不能因为情绪好了就教育，情绪不好就不教育，甚至自己做起违背家规的事情。家规教育具有持久性的特点，它不同于孩子做错了一件事，讲清道理就不用再讲了。家规教育的效果在于坚持。

思考

- 您认为制定规矩重要吗？
- 您家都有哪些规矩，是如何制定和传承的，对孩子有哪些影响？

- 您认为规矩意识对一个人的成长都有哪些影响？

- "父母以身作则守家规"，您是如何做的？

学习笔记

4.7　家长要特别重视精神营养供应

统计过去我指导过的家庭，大部分存在教育孩子时精神营养供应不足的情况。现在人们的生活条件好了，家长都在想尽一切办法给孩子提供最好的生活环境、最好的学校、最好的辅导班……但大多数家长不知道精神营养的重要性，更不知道该如何给孩子提供充足的精神营养。

大家都听说过"狼孩的故事"吧，我们从生下来到二十五岁左右，其实就是一个的"社会化"过程。一个人的发育成长结果主要看给我们提供的环境和养分，在现代社会主要指精神养分。如果把一个孩子放在狼群里，那么他就会按照狼的生活方式进行生活。

这里，我再举两个典型案例，供大家感受体会。

案例1：何某，从小游手好闲，不务正业，三十多岁才从外地"骗"了一个媳妇张某回来。张某当时不知情，在何某的老家生活了几个月才了解了何某的真实情况，但为时已晚，后悔来不及了，张某已怀身孕几个月了。张某下定决心，生完孩子就走人，她心想何某就是一个骗子，这种男人依托终生靠不住。张某生完孩子，在一个夜深人静的夜晚偷着"跑"了。这个张某算是解脱了，何某又是一个不负责的男人，苦了谁呢？苦了这个孩子，这个孩子从小生活的环境很差，爷爷奶奶年纪大了，只能勉强提供吃的喝的，大多数时间这个孩子是一个人独处，婴儿期除了哭就是睡，没有任何人给这个孩子提供"精神营养"，其他细节我们不讲，只看最终的结果，这个孩子目前的状态怎么样呢？身体无缺陷，发育正常；但语言功能障碍，不能与人正常交流，没有进过学校，不能独立生活。

这是一个典型的"缺爱"案例，这使我突然想起了《世上只有妈妈好》这首歌，母爱之所以伟大是有它深层次原因的。在这个孩子的发育过程中，特别是在婴儿期和幼儿期，因没有提供其发育适宜的环境和刺激，就会导致孩子在语言、智力和心理发育上出现问题，不能像正常人一样适应环境。

案例 2："留守儿童"。据统计，2018 年全国共有农村留守儿童 697 万人。

留守儿童的教育主要有两种类型：

第一种，隔代监护。即由爷爷、奶奶或外公、外婆，对留守儿童进行监护的方式。对于这种监护的方式，外出的父母比较放心。但这种监护方式在儿童成长过程中，却有着难以克服的问题。一是由于血缘、亲缘关系，监护者多采用溺爱的管教方式。较多地给予物质、生活上的满足和过多的宽容放任，而较少精神、道德上的管束和引导。二是祖孙辈年龄差距大，观念不一样，对待许多事物的看法往往存在很大的差异，代沟明显，难以相互沟通。一般来说，祖辈们往往以他们自己成长的经历来教育要求孙子辈，思想观念保守，教育方法简单。孩子见识广，喜欢赶新潮，寻求刺激和创新，做事不拘一格等，老人的观念和教育方法很难为孙辈接受。

第二种，上代监护。即由父母的同辈人，如叔、伯、姑、姨、舅等亲戚或他人抚养的监护方式。由于监护对象并非己子，监护人在教养过程中难免有所顾虑，不敢严格管教。这样，上代监护也大多属于物质型和放任型的管教方式，容易养成孩子任性的心理行为。而对于较为敏感的孩子来说，又容易产生寄人篱下的感觉，从而形成怕事、孤僻、内向的性格。

我认为留守儿童最大的问题也是"缺爱"，或者说爱不够、精神营养不够。亲情的关心、抚慰、引导对孩子的成长起着至关重要的作用。留守儿童面对外面纷繁复杂的世界、面对自己迅速发展变化的身体和心理，有很多很多困惑，需要有渠道倾诉、需要有人安慰、需要有人引导。留守儿童由于在情感上缺少健全的关爱和沟通，也容易产生心理障碍。长期与父母分离，导致留守儿童在日常生活中享受不到父母的关怀，遇到困难不能从父母那里找到感情的支持，在学习、生活过程中出现一些差错得不到及时的引导、纠正，久而久之，便形成一些明显的心理行为问题，如感情脆弱、自暴自弃、焦虑自闭、缺乏自信、悲观消极等。同时，由于缺乏有效监管和教育，留守儿童往往不能正确地看待问题，容易受社会上反面现象的影响，养成一些不良行为。例如，经常说谎、爱说脏话、不服管教等。

建议：家长要不断转变观念，提升自己，做好自己，为孩子做好榜样；家长要想尽一切办法，多关爱孩子、陪伴孩子！

思 考

- 什么是精神营养，包括哪些内容？您给孩子的精神营养充足吗？

- 面对当前生活压力，家长该如何教育引导自己的孩子？

- 您认为隔代教育主要存在哪些问题？

- 为了留守儿童的健康成长，家长们该怎么做？

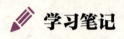
学习笔记

4.8 家长不容轻视语言暴力

语言暴力，就是使用谩骂、诋毁、蔑视、嘲笑等侮辱歧视性的语言，致使他人的精神上和心理上遭到侵犯和损害，属精神伤害的范畴。很多情况下，语言暴力源自不平等的相互关系，受害者通常缺乏自卫的力量，未成年人遭受的语言暴力就属于这一类。

从表面上看，语言暴力比体罚显得文明，但它带给孩子的伤害绝不会比体罚小。从某种程度上讲，可能还有过之而无不及。体罚更多伤害的是学生的身体，其痛苦可能是短暂的，但语言暴力的伤害却是长久的，不仅侮辱了孩子的人格，损伤孩子的自尊和自信，摧残孩子心理健康，严重的还会导致孩子心智失常，丧失生活勇气，引发厌学、逃学、违法犯罪、自杀等严重恶果。

我相信绝大多数家长都是真心爱孩子的，这不容置疑；但是他们满嘴是爱，却表现得满目狰狞。根据美国爱荷华大学一项研究显示，父母每天对孩子说的话语中，只有不到 20% 的表述是积极和充满鼓励的。每个孩子平均一天会得到超过 400 条负面评论，而正面评论只有 30 多条。

"你怎么这么笨？""这点小事都做不好！""为什么别人能做到你就做不到！""你脑袋里装的是什么？""这么简单的题目都不会！""别哭了，再哭就不要你了。"这些都是父母责骂孩子的常规用语。

　　有些父母不是不知道这些话会伤到孩子，也不是控制不住情绪要发泄，只是想当然地认为，不能对孩子说太多好话，要是说几句就承受不住，以后出了社会还怎么生活？

　　研究证明：情绪伤痛和身体伤痛的脑回路是相同的。根据密歇根大学的伊森·克罗斯博士的一项实验：当一个人受到语言暴力攻击，他的情绪疼痛在大脑区域反应，和身体疼痛极为相似，神经系统能体验到几乎相同级别的疼痛。也就是说，当父母辱骂自己孩子的时候，孩子情绪上遭受到的创伤，和身体受到伤害的疼痛程度不相上下！

　　哈佛大学医学院马丁·泰彻博士发现：语言暴力能改变大脑结构。孩子的大脑尚在发育中，若他们总生活在苛责、匮乏的环境中，大脑为了适应环境会发育成"求存模式"的结构，形成懦弱自卑型人格。所以我们能看到，诸多童年贫穷、家庭不幸的人，即便成年后生活环境出现了极大改善，也很难改变自己的思维模式。过早承受压力，不仅不能提高孩子的心理素质，还会让孩子变得过于谨慎、胆怯等，而且，这样的改变，终身不可逆。

　　父母的肆意批判，将葬送孩子一生。知乎上有一个问题：被父母骂得想自杀是种什么体验？其中高赞回答让人痛心且绝望。"在我伤心难过得哭到虚脱的时候，父母却看着我说：'发什么神经。'"心理学家武志红说："语言暴力有可能会变成一把凶器。"除了上述提到的懦弱自卑型人格，语言暴力还有可能把孩子推向另一个极端，就是把情绪转化为强烈的攻击性。

2014 年，谢勇导演的《语言暴力》获得了戛纳国际创意节银奖，它讲述了语言暴力和暴力伤害的关系。影片中，他采访了沈阳市少管所的几位少年犯。他们从小被父母语言暴力对待："猪脑子""废物""丢人""你怎么不去死"。谢勇把这几个与语言暴力相关且最具代表性的关键词，做成了"武器"。在多年的谩骂和埋怨中，这些孩子受尽了心理上的折磨。他们长大后变得暴戾、心狠手辣。

有调查显示，40% 以上的青少年罪犯，是由于他们遭受过父母语言上的伤害。这些孩子的父母用一句句暴力语言断送了孩子的未来，也给其他人、其他家庭带来不可逆转的伤害。有人说，这些孩子扎在别人身上的凶器，是父母亲手递过去的。父母的不假思索，却葬送了孩子的一生。

父母的语言里，藏着孩子的未来。美国著名儿童学家阿黛尔·法伯说过："永远都不要低估你的话对孩子一生的影响力。"要知道，孩子处于不知事的年纪，父母作为孩子最亲近的人，他们的话就是真理。家长的一言一行，乃至一个表情，都会对孩子的性格塑造产生影响。

心理学的暗示效应告诉我们，父母的否定、打击、批判，会给孩子消极的心理暗示，并转化为孩子"内在的批判声音"，形成强大的"反自我"意识。他们会习惯性地自我批评和否定，觉得自己一无是处，即便成年后批判你的那个人已经不存在了，这种批判态度还会保留在心里，时常苛责自己。正如苏珊·福沃德教授在《中毒的父母》一书中说："小孩总会相信父母说的有关自己的话，并将其变为自己的观念。"所以，你随意的几句话，却是孩子心目中最扎心的评价，孩子的生活积极还是消极，全在父母一念之间。

正确的沟通，都是非暴力的。很多时候，培养一个健康的孩子，远比修复一个破损的成人容易得多。每个孩子都希望得到肯定、认可，特别是来自父母的。当父母懂得考虑孩子的感受，多一些接纳和爱的时候，孩子必然能够更加积极面对生活。著名心学家马歇尔·卢森堡在《非暴力沟通》一书中，就提到了一种和谐的亲子沟通方式：

第一步，观察。父母要对孩子们的行为进行仔细观察，说出观察的结果，但不能进行任何评判。比如，当老师告诉父母孩子没交作业，不要对孩子说："你怎么又不写作业了？"只要父母对孩子的行为有评判，就会引起孩子心中的逆反情绪。不带评论的观察是，"你为什么不写作业？"这是客观的疑问，孩子就会说出，因为作业太难、太多，或者不喜欢老师等原因，父母就可以进行下一步的教育引导。

第二步，感受。不少父母急于求成，忽略了孩子的心情。比如，父母叫孩子打扫房间，孩子有情绪，洒了一地的水，就会对孩子说："你怎么这么笨，这点小事都做不好？"这对孩子的伤害是极大的，也许孩子只是想偷懒，却被冠以笨、无能的标签。

这个时候，父母和孩子都应该说出各自的感受，父母是为了锻炼孩子的自主能力，教育孩子不要那么懒，要是孩子还是不愿意，态度可以适当强硬点，但不能胡乱指责。

第三步，了解感受产生的原因。大部分父母听到一句不中听的话时，会有三种反应选择。比如当孩子对妈妈说："妈，你做的饭不好吃。"

第一种是愤怒。"辛辛苦苦给你做饭，还敢嫌弃饭难吃。"

第二种是推脱，指责对方。"那我不做了，你们自己做吧。"

第三种是用心体会和了解孩子们的需要，看看孩子是不是不舒服，如果一切正常，就要考虑提高一下自己的烹饪技术了。

父母不要总是意气用事，多通过沟通来发现孩子的真正需求。

第四步，提出具体的要求。清楚地告诉孩子，希望他们做什么。比如，孩子出门磨蹭，妈妈通常对孩子说："你能不能快点呀，总是磨磨蹭蹭，每次都得催你，让人等你。"这不是具体的要求，而是一种变相批评，也是一种利用孩子内疚心理的道德绑架。

孩子一般听到这些，会有很强的逆反心理，继续慢慢悠悠地动作。在这种情况下，妈妈应该对孩子说："我们快要迟到了，五分钟后出门吧。"这才是对孩子提出具体的要求。

与孩子进行良好沟通，从来不是一件容易的事，毕竟孩子和父母有着多年生活经验的差距。很多在父母看来很容易的事情，对孩子来说却非常困难的。这就需要父母多一些耐心，认真观察孩子的行为，仔细感受孩子的心理，分析其原因，然后对孩子提出具体的要求。当你做到以上几点，就会发现孩子并非不骂不成材，春风化雨的教导，也能使他茁壮成长。

人的一生，只有一次做父母的机会。很多时候，父母要求孩子学习，但很多时候需要学习的或许是父母自己。因为，您是孩子的榜样，是孩子最亲近的人！

思 考

- 想想自己与孩子沟通的情景，存在语言暴力情况吗？

- 语言暴力的危害有哪些？

- 非暴力沟通的步骤和技巧有哪些？

- "永远都不要低估你的话对孩子一生的影响力。"谈谈您对这句话的理解？

学习笔记

4.9　家长容易犯的几个错误

4.9.1　家长不重视自我学习

教育孩子是一门科学，也是一门艺术。家长承担了教育子女的责任，但许多家长不注重学习，对现代家庭教育理念和科学教育方法一无所知，教育孩子随心所欲，心情好的时候关注一下孩子的学习，忙的时候对孩子的学习和成长不闻不问，甚至心情不好的时候还拿孩子出气，发泄自己的不良情绪。孩子的性格与品质，就在家长的随意影响下形成了。天下没有哪一位家长不爱自己的孩子，但仅凭良好的愿望和强烈的动机并不能达到预期的教育效果。家长必须努力提高学习意识，认真学习现代家庭教育知识，提高自我教育素质，力争成为合格的父母。

4.9.2　父母对孩子期望过高

"望子成龙，盼女成凤"是中国父母的普遍心态，许多家长都希望自己的孩子能进好学校，上名牌大学，考研，读博，出国深造等，父母对孩子的期望值很高。父母也为此投入了巨大的精力和代价。孩子的学习状况、考试成绩是夫妻关系、家庭氛围的晴雨表。许多夫妻间的争执源于对孩子教育方式的不同观点和看法。由于家长对孩子过度投入，因此也抱有极高回报期望，一旦孩子表现不尽如人意，父母就会难以接受，产生心理落差大、情绪失衡、家庭矛盾等不利影响。

4.9.3　对孩子不因材施教

"因材施教"是一条古老的教育原则，也是一种教育方法，家庭应根据孩子的具体特点给予他们适当的教育。孩子的发展有各自独特之处，存在个体间差异：有发展速度的差异、思维类型的差异、兴趣爱好的差异。有的家长不研究自己孩子的特点与长处，盲目与别的孩子进行比较：用孩子的弱点比别的孩子的优点，越比越乱，甚至用贬低去刺激孩子的自尊心，总是认为别的孩子强，盲目比较造成父母对孩子的长处视而不见，使孩子逐渐丧失学习的主动性与积极性。

4.9.4　违背孩子成长发展的自然规律

孩子发展遵循一定规律，身体发展如此，智力、心理发展也是如此，因此，许多家长因为缺乏家庭教育基本理论，不了解孩子成长规律，往往采用"揠苗助长"的方法，达不到家长所希望的预期效果。违背孩子发展可以表现为儿童教育成人化，或是青少年教育儿童化，使孩子身体发展与心理发展不同步。导致孩子成长过程中有很多困惑，家长虽然付出了大量时间与精力，但是往往事与愿违，误了孩子。

4.9.5　教育孩子滥用惩罚

许多家长对孩子的教育方法只懂惩罚：讽刺、挖苦和体罚，认为这样才能使孩子不再犯错误。家长对孩子的优点往往轻描淡写，甚至视而不见，对孩子的缺点却揪住不放。只看见孩子的缺点，导致惩罚多于表扬。其实惩罚是一种极为消极的方法，并不利于孩子的自我成长。孩子因学习问题多次遭到惩罚，就会厌恶学习回避学习。孩子犯错误是很正常的事情，关键看父母如何正确引导，家长应多关心陪伴孩子，发现孩子身上的闪光点，多肯定孩子，鼓励孩子，树立孩子的自信心，帮助孩子找到自己的价值；而不把惩罚当作最有效的教育方式。

4.9.6　家长不注重培养孩子自学能力

现在有一些有家长对孩子的学习辅导过于包办，孩子学习稍微遇到一些困难就帮助解决，无形中让孩子在学习上依赖父母，往往不利于培养孩子的学习能力和良好的学习习惯。家长指导孩子学习是为了最终放开手，不是为了背着孩子一辈子。孩子对家长辅导越依赖，学习到高阶段就越吃力。家长应让孩子掌握学习方法，培养孩子的自学能力与独立钻研的精神。

4.9.7　重身体健康、轻心理健康

现在家长对孩子心理健康不重视，对身体健康却关注过度。家长对心理知识一无所知，无法了解孩子的心理需要，对孩子的

心理隐患也不知如何预防、消除。我国大、中、小学生中有心理健康问题的人占一定比例。孩子的心理发展关键时期一是儿童期,二是青春期。在儿童期,父母与孩子的关系如何,对孩子的心理早期培养有重要意义。如果是在青春期,父母不能帮孩子处理好一系列冲突,最容易使孩子产生各种心理障碍,这些应引起父母的高度重视。

4.9.8 忽视孩子意志品质的磨炼

现在很多家长对子女的教育有一个严重不足,就是对孩子没有任何意志品质方面的要求,也很少磨炼孩子的意志。凡事宠着护着,唯恐孩子不顺心。很多孩子存在脆弱、任性等不良的意志品质,而家长似乎视而不见。家长往往无休止地满足孩子的欲望,不给机会或没有意识到让孩子克制自己欲望的重要性,使孩子的意志品质无形中弱化。孩子意志品质的磨炼是家长、老师和其他人无法代替的,只能让孩子在一次又一次实践中发展,家长要为孩子创造条件。

思 考

- 以上家长容易犯的错误中,您犯了几个?对孩子的健康成长都有哪些影响?
- 您是否已经掌握了现代家庭教育的核心知识?

- 为了孩子的健康成长，您还读过哪些相关书籍？

- 通过阅读此书，对您最大的收获是什么？